Rudi Goller gewidmet

Dieses Buch wurde zum Andenken an Rudolf Goller, den seine Freunde Rudi und die Yawalapiti-Indianer Papai nannten, veröffentlicht.

Bereits 1940 emigrierte er über die Schweiz und Lissabon nach Brasilien. Durch seinen Freund Orlando Villas Bôas kam er schon frühzeitig in den Xingu und hatte dadurch eine enge Verbindung und besondere Beziehung zu den Ureinwohnern Südamerikas. Seine Bewunderung für das einfache, naturverbundene Leben dieser Waldindianer hat in ihm einen tiefen Eindruck hinterlassen.

Das Leben dieser Menschen einer breiten Öffentlichkeit zugänglich zu machen, war sein innigster Wunsch.

Märchen und Mythen der brasilianischen Indianer.

dargestellt in 18 Bildern
von Walde-Mar
de Andrade e Silva

Texte und Übersetzung: Rolf Bökemeier, Hamburg
Gestaltung: Werner Dold/Rolf Bader, Pfullingen
Satz: Satzatelier Fritz Keppler, Reutlingen
Reproduktionen: Reproatelier Hermann Mayer, Reutlingen
Druck und buchbinderische Verarbeitung:
Kohlhammer und Wallishauser, Hechingen
Titelbild: Nyobog-Ti, ein schönes junges Mädchen, die Tochter des Regens,kam vom Himmel, um die ersten Samen auf die Erde zu bringen.

3. Auflage 9/1988

ISBN: 3-9801920-0-8

Inhaltsverzeichnis

Märchen und Mythen vom Xingu:
Von Claudio und Orlando Villas Bôas

Seite 12	Wie Sonne und Mond in die Welt kamen	(Kamaiurá)
Seite 14	Wie die Toten zu Totems wurden	(Kamaiurá)
Seite 16	Wie der Tag erobert wurde	(Kamaiurá)
Seite 18	Wie das Boot Igaranhã sich selbständig machte	(Kamaiurá)
Seite 20	Wie der Frosch Minori auf den Mond kam	(Kamaiurá)
Seite 22	Wie das Ende von allem sein wird	(Juruna)

Märchen der brasilianischen Indianer:
Von Walde-Mar de Andrade e Silva

Seite 24	Wie die neue Welt gefunden wurde	(Kaiapó und Txukaramãe)
Seite 26	Wie die Wasserfälle von Iguaçu entstanden	(Kaiangang)
Seite 28	Wie die Pflanze Mandióca in die Erde kam	(Tupi)
Seite 30	Wie Guarana ein Getränk zum Wachhalten wurde	(Maués)
Seite 32	Wie die Königin der Nacht geboren wurde	(Mandurucu)
Seite 34	Wie Yara eine Nixe wurde	(Tupi)
Seite 36	Wie sich der Morgenstern in einen Menschen verwandelte	(Karajá)
Seite 38	Wie Cervo Berá auf immer verschwand	(Tupi)
Seite 40	Wie der Vogel Irapuru die Liebenden tröstet	(Maués)
Seite 42	Wie die Diamanten in den Fluß kamen	(Tupi)
Seite 44	Wie die Nacht in die Welt geriet	(Tupi)
Seite 46	Wie eine Kinderseele in den Indianerhimmel fliegt	(Maués)

Seite 48	Brasiliens letzte Ureinwohner: Nur in der grünen Hölle leben sie wie im Paradies
Seite 63	Erklärungen
Seite 64	Quellenverzeichnis

Mein Weg zu den Indianern

Ich bin 1933 an den Ufern des Itararé-Flusses auf die Welt gekommen, nahe bei der kleinen Stadt Timburi im brasilianischen Bundesstaat São Paulo. Dort lebte ich bis zu meinem zehnten Lebensjahr auf einer *Fazenda,* deren Umland in jener Zeit noch reiner *Sertão* war. Daher hatte ich eine sehr freie Kindheit, fast wie die Eingeborenen, also im Einklang mit meiner Herkunft. Seitdem keimte in mir eine Faszination für die Indianer, ihre Geschichten, Märchen und ihre Lebensweise. Mit zehn Jahren ging ich in der Kleinstadt zur Schule. Lesen lernen war mein größter Wunsch, denn nur so konnte ich selbst meine ganze Neugier befriedigen, die in den alten und neuen Büchern meines Vaters (Nachfahr der *Tupinambá*-Indianer) bewahrt war. In dieser Zeit begannen die Brüder Villas Bôas ihre Arbeit in der Mission *Roncador Xingu,* wobei ihre wichtigste Aufgabe in der Befriedung der Indianer bestand. Ich konnte diese Ereignisse mit großer Anteilnahme verfolgen.

Nur weil ich Arbeit suchte und keineswegs aus freien Stücken, ging ich mit 20 Jahren in die Großstadt São Paulo. Als ich dann 33 Jahre alt wurde, hatte ich meinen Traum, den Indianer in seinem persönlichen Lebensbereich kennenzulernen, noch immer nicht verwirklicht.

»Warum malst du keine Indianer?«, fragte Neuton, mein Bruder (Naiv-folkloristischer Maler), und wie im Zauber trug ich noch am gleichen Tag Farbe auf meine allererste Leinwand auf. Schließlich hatte ich meine erste Ausstellung, bei der ich meinen Freund Orlando Villas Bôas kennenlernte. Ich war sehr gerührt von seiner Einladung, die *Xingu*-Region zu besuchen. So wurde der Traum endlich wahr.

Acht Jahre lang besuchte ich mehrere Male die *Xingu*-Region. In einem sehr vertrauten Zusammenleben habe ich die Indianer, ihre Art zu leben und zu denken, mit großem Interesse beobachtet. Ohne Zögern kann ich behaupten, daß sie die glücklichsten Wesen der Erde sind. Der Grund hierfür ist ganz einfach: Sie respektieren die Natur; in ihr herrscht Eintracht und Ausgeglichenheit zwischen allen Lebewesen, was beweist, daß ein Paradies auf Erden möglich ist.

Diese Beobachtungen und Erfahrungen spornten mich an und weckten das Bedürfnis, die magische Welt der Indianer kennen- und begreifen zu lernen.

In der lautlosen Dunkelheit der Nacht, in der Tiefe des Wassers, in der endlosen Weite des Himmels und in den dichtbewachsenen Wäldern gelangte ich kraft meiner Phantasie zu neuen Erkenntnissen. Die Hitze der Sonne, die Bleiche des Mondes und das Glitzern der Sterne habe ich mit Händen berührt. Ich habe der Musik des Windes gelauscht, dem Flüstern des Wassers, dem Gesang der Vögel und dem Summen der Insekten. Ich habe mich berauscht am Duft der Blumen, habe mit Tieren gesprochen, mit Schmetterlingen gespielt, ich bin über Wasser gelaufen und habe den Regenbogen gemalt.

Ich bin ein begünstigter Künstler, denn die besten Lehrer dieser Erde haben mich unterrichtet: die Natur und die Indianer. In jedem Indianermythos mache ich eine unvergeßliche Reise und die Fotografien dieser Fahrt sind die Bilder, die ich male.

Mit großer Freude habe ich die Gelegenheit wahrgenommen, die mir Frau Goller geboten hat, nämlich das Ergebnis einer Arbeit in diesem Buch vorzustellen, die über 20 Jahre an Forschungen, gesammelten Informationen und Gesprächen mit Menschen in den *Sertões* von Brasilien beinhaltet. Dieses Buch ist das Resultat einer Arbeit von vielen Idealisten, hauptsächlich aber das meiner indianischen Brüder.

In der Nacht, als ich das Vorwort geschrieben habe, träumte ich von *Amati,* einem Indianer vom Stamm der *Trumai do Xingu.* Er ist seit seiner Jugend in den siebziger Jahren gelähmt. Zu jener Zeit begann er alles zu malen, woran er so gerne teilhaben wollte: Tänze, Kämpfe, Feste, Fischfang und all das, was gesunde junge Indianer so machen.

In dem Traum hatte mir jemand erzählt, *Amati* läge im Krankenhaus und wolle mit mir sprechen. Ich ging auf der Stelle zu meinem Freund. Am Eingang des Krankenhauses stand er, ganz traurig an ein Fenster gelehnt. Da winkte ich ihm zu und wollte ihn aufheitern. Ich fragte, ob es ihm besser ginge. Er sagte, ja. Ich erkundigte mich nach dem Grund seiner Traurigkeit. Mit schwerer Stimme und ganz bedrückt antwortete er: »Die Mehrzahl der Häuptlinge von *Xingu* haben dem Verkauf eines Teils unserer Heimat an eine Bergwerksgesellschaft zugestimmt. Am schlimmsten daran ist, daß auch das *Morená*-Gebiet (ein heiliger Ort – der Lebensbereich von *Mavutsinim)* dazugehört. Du weißt doch, da gibt es viele Flüsse, sie werden die Wälder roden und die Fische töten, und viele schlechte Leute werden dort wohnen. Ich glaube, daß *Xingu* zerstört wird. Walde-Mar, ich konnte gar nichts tun, du weißt schon, wieso.« In diesem Augenblick bin ich vom Traum erwacht und fühlte mich erleichtert. Aber ich kann nicht sagen, wie lange das noch dauern wird.

Walde Mar

Walde-Mar de Andrade e Silva
Im September 1987

Über drei Jahrzehnte Bewahrung des Friedens im Xingu

Genau in der Mitte unseres Landes, in dem Gebiet des reißenden *Xingu*-Flusses und seiner vielen Nebenarme, dort, wo das Wasser still dahinfließt, in Strudel hineinschnellt, wo es in Engpässen an Steine prallt, oder schließlich die weißen Strände am Ufer umspielt, dort leben 20 Indianerstämme. Ihr glückliches Dasein in einem geographisch begünstigten Gebiet ist frei von fremden Einflüssen. Sie sind *Xinguanos.* Ihre Gesänge, Tänze, Brauchtum und ihr Glaube scheinen einer entfernten Vergangenheit anzugehören, dem Ursprung der Zeiten. Ihre Dörfer bestehen aus großen, strohbedeckten Hütten, die eine Ellipse formen. Die *Xinguanos* sind ein Relikt aus dem Brasilien des 15. Jahrhunderts, jenes riesigen Landes, das sich vor den erstaunten Augen der Menschen ausbreitete, die mit *Karavellen* aus Übersee kamen.

Das obere Gebiet des *Xingu*, die Heimat der Indianer, sieht tatsächlich wie eine große und abgelegene grüne ‚Insel' aus, die vom Wechsel der Jahrhunderte unberührt geblieben ist. Hier bildet sich der Zyklus der *Xingu*-Natur: Der Fang der *Piquí*-Fische folgt der Laichzeit der *Tracajá*-Schildkröten, die *Craíba*-Blume blüht in der Trockenzeit, wenn die lichthellen Strände in der Sonne glänzen. Im Wald verbreiten die leuchtenden Orchideen einzigartige Schönheit, wie an einem Festtag.

Nur der gelassene Indianer hält hier nicht inne und schaut. Aber schauen, warum? Ist er nicht auch ein Teil des Waldes, des Flusses und der Farben, ja, des Ganzen? Nichts bringt ihn aus der Ruhe. Für den Indianer gibt es keine Monate, Jahre, Tage oder Wochen. Nur das unmerkliche Fließen der Zeit existiert für ihn. Mit seiner Umwelt verwachsen, erlebt der *Xinguano* die Gegenwart und läßt sich hinwegtreiben wie ein Blatt in der Strömung. Man kann nicht über den Indianer losgelöst von seiner Umgebung sprechen, als seien dies unterschiedliche Begriffe. Nein, unter keinen Umständen. Der Indianer und seine Umwelt formen eine einzige Landschaft. Sein Schmuck ist der gleiche, mit dem auch die Natur sich ziert: Das Grün der Palmen, die Farbigkeit der Federn, die Helle des *Tabatinga*-Bodens, das Rot des *Urucum*-Busches und das Blau der *Jenipapo*-Beere. Hier findet der Indianer seine Nahrung, die vom Blattwerk herabhängt; sie kommt aus dem dunklen Schoß der Natur, aus der klaren Tiefe des Wassers. Die großen Hütten mit ihren bauchigen Dekken erinnern an die Krone der *Faveira*-Pflanze und an die riesigen *Kapokbäume*. Und der Indianer selbst – ist er nicht auch ein Sproß der Wurzeln, die der göttliche Hauch des *Maivutsinim*, des Helden und Schöpfers der Völker, zum Leben erweckt hat? In diesem Universum des Indianers wurde Waldemar Andrade, ‚Walde-Mar der Maler', inspiriert. Alles, was er um sich herum wahrgenommen hat, übertrug er auf die Leinwand. Das bukolische Leben der Waldbewohner ist seinem hohen Empfindungsvermögen nicht entgangen. Der heiter-gelassene Charakter seiner Abbildungen trifft sehr genau das Wesen der *Xingu*-Völker. Vielleicht war es die Erinnerung an sein Leben als armer Junge in seiner kleinen Geburtsstadt, die ihn zur Kunst des Porträtierens, insbesondere von Kinder-Porträts, angeregt hat. Ungeachtet dessen hat er *Sinaá* aus der *Juruna*-Legende in seinen Bildern sehr eindringlich und treffend als alten Mann dargestellt.

Das Leben ist voller Überraschungen! Wer hätte gedacht, daß der einstige Pflüger und Landarbeiter, der Schreiber und Verkäufer, in einer zukünftigen Lebensphase all das aufgäbe, um zu Pinsel und Leinwand zu greifen? Ohne jemals eine Kunsthochschule besucht zu haben und ausschließlich durch eigene Inspiration und künstlerische Sensibilität angespornt, zählt Walde-Mar heute zu den besten primitiven Malern des Landes.

In diesem Buch interpretiert und gestaltet der Künstler einige Indianermythen und -märchen. Er führt beide Seiten seines Könnens vor: Die Kunst des Zeichnens und Malens sowie seine Fähigkeit, die Geschichten zu deuten.

In den Bildern Walde-Mars bildet der Wald den umgreifenden Hintergrund. Aus der Höhe betrachtet formen die weitflächigen Wälder eine große Wellenlandschaft. Das Grün der Baumwipfel verdunkelt sich in den Wellentälern. Diese Nuancen entgehen nicht der Pinselführung des Malers.

In diesem Buch darf eine besondere Widmung nicht fehlen. Wer kann wohl das außergewöhnliche Wesen eines so offenherzigen und großmütigen Mannes vergessen? Dieser Freund der Indianer, Freund seiner Arbeiter und überhaupt der Freund aller, hinterließ eindrückliche Spuren auf seinem Weg. Wer ihn kennengelernt hat, weiß um die besondere Erhabenheit seiner Seele.

Jene, die auf ihre letzte Reise gehen, hinterlassen einerseits Sehnsucht und Wehmut, gleichzeitig aber auch unglaubliche Trauer.

So war Rudolf Goller – Rudi. Ihm gilt unsere Erinnerung und unsere Anerkennung. Einmal mehr lebt seine unvergängliche Gegenwart jetzt auf, durch die Förderung der großartigen Arbeit des Malers Walde-Mar.

Orlando Villas Bôas
1987

Wie das Gras im Frühling
so werden unsere Herzen grünen
und werden sich öffnen.
Unser Körper aber ist wie eine
Blume.
Er blüht und er verwelkt.

Nahuatl

Der spirituelle Aspekt der Mythen

Die Bilder Walde-Mar de Andrade e Silvas führen uns in eine für den modernen Menschen verlorene Welt: Die Welt, in welcher sich der Mensch mit Natur und Gott als Einheit erfährt. Der Künstler ist in diese Welt nicht als Fremder eingedrungen, sondern ist, obgleich in seinen Adern indianisches und europäisches Blut fließt, von Kopf und Herz Indianer. Die *Xingu*-Indianer im Herzen Brasiliens sind in ihrem Reservat bis heute von der Zivilisation fast verschont geblieben und konnten sich das Paradies der Unschuld ihres Herzens bewahren. Äußere und innere Erfahrung sind für sie ungetrennt, Natur und Gott sind eins. Pflanzen und Tiere sind heilig. So ist die Knollenfrucht *Mandióca,* die wichtigste Nahrungsquelle der Indianer, aus der toten Tochter *Mandi* des Jünglings im Mond und einer Häuptlingstocher erwachsen. (Bild Seite 29).

In der Weisheit des Herzens zerstören auch gewaltsame Einbrüche nicht die Harmonie der Einheit sondern führen nur zur Umwandlung, die die Kräfte neu ordnet und harmonisiert. Als die schöne *Yara* von weißen Fremden beim Baden mißbraucht wird, läßt sie der Geist vom Grunde des Flusses ohnmächtig werden und gibt ihr den Unterkörper eines Fisches, damit sie künftig auf dem Lande und im Wasser leben kann. Wenn sich ihr wieder ein Mensch nähert, stößt sie ihn ins Wasser zu den Krokodilen (Bild Seite 35).

Alles ist in das Gesetz der Einheit eingebunden und bekommt dadurch Entfaltung und Begrenzung. Wie die Geschichte der Wasserfälle von *Iguaçu* zeigt, kann selbst der Gott des Bösen ein sich liebendes Paar zwar verfolgen und stören, aber nicht trennen. Ja, durch sein böses Tun vereinigt er die Liebenden auf einer höheren Ebene (Bild Seite 27).

Wieviel dichte Komplexität offenbart sich in der schlichten Geschichte, wie sich der Morgenstern in einen Menschen verwandelte (Bild Seite 37)! Eine Geschichte, die vom kosmischen Einklang aller Wesen kündet.

Selbst das Ende von allem hat nichts von der düsteren Tragik bei uns verbreiteter Vorstellungen. Das Himmelszelt wird alles unter sich begraben. Wenn ich mich in dieses Bild versenke, geschieht es mit einem wunderbaren, unendlichen Ton, der auf ewig von himmlischer Herrlichkeit kündet.

Die wiedergegebenen Werke sind nicht Abbilder der Außenwelt, sondern echte spirituelle Kunst. Wie aus Ikonen leuchtet aus ihnen von innen unvergängliche Freude und Liebe. Diese göttliche Kraft läßt alle Form hinter sich und übersteigt die Andersartigkeit der Kultur. Die Kraft teilt sich jedem mit, der sein Herz den Bildern öffnet.

Dina Rees
Im September 1987

Eines lehrten mich
die Indianer:
Ihr ganzes Leben
will Gebet sein.

Wie Indianer beten

Die »zivilisierte« Welt macht es »umgekehrt« wie die Indianer: Sie entspiritualisiert alles. Für den Indianer ist die Welt des Geistigen das Entscheidende, der Zentralpunkt seines ganzen Lebens.
Die zivilisierte Welt regelt möglichst viel durch Gesetze. Das soziale Gefüge bei den Indianern organisiert sich anders. Es herrscht große Solidarität. Wenn einer zu essen hat, hat der andere auch zu essen. Ferner besitzt jeder Stamm einen großen Acker, der gemeinschaftlich bebaut wird. Den Ertrag verwenden sie für ihre Feste und zur Versorgung derer, die sonst in Not geraten würden.
Wie im Alten Testament gründet das Gemeindeleben, das soziale Leben auf religiösen Fundamenten. Der innerste Kern der Indianerkultur ist die religiöse Gesinnung. Ein Beispiel: Kommen Männer von der Jagd nach Hause, gehen sie normalerweise zuerst zu ihrem kleinen Heiligtum. An Bedeutung kommt es unserem Tabernakel oder der Bundeslade des Alten Testamentes gleich. Die Jäger legen den Tapir oder das Wildschwein davor ab, beten zu ihrem Gott und danken für das Jagdglück. Danach wird das Tier an alle gleichmäßig verteilt.
Gemeinsames Gebet hat seinen Platz auch bei den religiösen Festlichkeiten. Die Indianer sitzen oder marschieren im Kreis, beten und singen miteinander. Sie gehen dabei im Rhythmus hintereinander her. Gewöhnlich bleiben die Frauen auf einer Seite, die Männer auf der anderen Seite, und in der Mitte stimmt einer den Ton an. Das rhythmische Gehen wird von Sing- und Flötenspiel begleitet. Ich habe oft mit ihnen gesungen, die ganze Nacht hindurch.
Sollen wir die Indianer missionieren? Ich möchte mit Pe. Dr. Paulo Süss, dem Generalsekretär des Indianer-Missionsrates in Brasilien (CIMI), antworten: »Mission heißt, christliches Zeugnis geben, das heißt, frohere Gesichter zurücklassen als man angetroffen hat. Das war ja früher oft nicht der Fall gewesen. Was heißt dann frohe Botschaft auf diesem indianischen Hintergrund, wo die Menschen von Ausrottung bedroht sind? Da heißt frohe Botschaft einfach, daß jemand sich an die Seite der Indianer stellt. Daß er mit ihnen kämpft um Grund und Boden, der eine biblische Dimension hat: Wir haben wieder Zukunft, die Verheißung ist nicht abgestoppt. Und es ist natürlich notwendig, eines Tages von Jesus Christus ganz konkret zu sprechen.«

Dom Henrique Froehlich SJ
Im August 1988

Wie Sonne und Mond in die Welt kamen

Am Anfang war nur Mavutsinim, der Große Geist. Er war allein, niemand lebte mit ihm, er hatte weder Frau noch Kinder. Es gab auch keine Sonne und keinen Mond, keinen Tag und keine Nacht.

Des Alleinseins müde, schuf sich Mavutsinim aus einer Muschel eine Frau und heiratete sie. Sie hatten Kinder zusammen, darunter zwei Söhne, einen hellen und einen dunklen. Der hellere wurde Kuat, die Sonne, der dunklere Iae, der Mond. Sie brachten den Tag und die Nacht in die Welt, und Mavutsinim erweckte alles Leben auf Erden. Als er sah, daß sich die Menschen ihrer Toten wegen grämten, ging er in den Wald und schnitt Holz, aus dem er Kuarup machte, den Stoff, der Tote zum Leben erweckt.

Doch einige Indianer waren ungehorsam und folgten dem Großen Geist, um ihn im Wald zu belauschen. Da wurde Mavutsinim zornig, und er machte die Erweckung der Toten für alle Zeit unmöglich.

Walde Mar·8

Wie die Toten zu Totems wurden

Seit alters trauern die Menschen wegen ihrer Toten. Das dauerte Mavutsinim, den Großen Geist. Er wollte die Toten wieder zum Leben erwecken und sie ihren Angehörigen zurückgeben. Er bemalte zwei Holzpfähle mit den Bildern eines Mannes und einer Frau und stellte sie in zwei Löcher mitten auf den Dorfplatz.

Dann befahl er den Musikanten zu spielen und zu singen, bis sich die Pfähle in Menschen verwandelt hätten. Unterdessen verteilte Mavutsinim an alle Leute Fische und Sagokuchen, damit das Fest nicht unterbrochen werden mußte. Die Indianer zweifelten an Mavutsinims Worten. Sie bemalten sich wieder mit den Farben der Trauer und weinten laut über ihre Toten. Doch der Große Geist befahl ihnen, mit verschlossenen Augen so lange weiterzusingen bis sich die Totempfähle in lebende Menschen verwandelt hätten. In der folgenden Nacht bewegten sich die Pfähle schon ein wenig, und tags darauf waren sie bereits zur Hälfte zu lebenden Menschen geworden.

Als die Verwandlung fast beendet war, befahl Mavutsinim den Indianern, zu lachen, zu jauchzen und zu feiern. Aber er verbot jenen, die nachts zuvor mit ihren Frauen geschlechtliche Beziehungen gehabt hatten, aus ihren Häusern zu kommen. Und siehe, die Totems waren schon fast lebendige Menschen geworden und strebten mächtig von ihrem Platz in den Löchern fort.

Ein Indianer aber, der zuvor mit einer Frau geschlafen hatte, konnte seine Neugier nicht bezähmen. Er kam aus seiner Hütte, um das Wunder anzuschauen. Im selben Augenblick wurden die Totems zu leblosen Holzpfählen. Der erzürnte Mavutsinim bestimmte darauf: »Von heute bis in Ewigkeit werden die Toten nicht mehr auferstehen, auch wenn ihr sie in Totems schnitzt. Die Beschwörung der Totems soll nur noch ein Fest sein.«

Und er befahl, die Totempfähle aus ihren Löchern zu nehmen und sie, geschmückt wie sie waren, in den Fluß zu werfen.

Wie der Tag erobert wurde

Am Anfang war es immer dunkel, denn es gab den Tag noch nicht. Zwar existierten schon die Zwillingsbrüder Kuat, die Sonne, und Iae, der Mond. Aber sie wußten nicht, wie man den Tag machen konnte. Allerdings hatte man gehört, daß Urubutsin, der Herr der Vögel, der Besitzer des Tages war. Doch der ließ sich um keinen Preis in der Welt der Menschen blicken.

Schließlich hatten Sonne und Mond eine Idee. Sie wußten, daß die Vögel gern Insekten fressen. So bauten sie eine Puppe in Gestalt einer Ente und steckten faule Früchte hinein, um Ungeziefer zu züchten. Als der Hohlkörper voller Maden und Würmer war, packte die Sonne aus einem Teil davon ein Paket und bat die Fliegen, es ins Reich der Vögel hinaufzutragen.

Da die Vögel die Sprache der Fliegen nicht verstanden, dauerte es eine Zeit, bis die Lockspeise angenommen wurde. Sie mundete den Vögeln vorzüglich, und sie verlangten nach mehr. Die Fliegen berichteten, unten im Reich des Dunkeln gäbe es davon noch reichlich. Urubutsin ließ sich überzeugen, und die Vogelschar stieg hinab zum Entenköder, der ihnen bekannt vorkam. Darin aber hatten sich die Zwillinge Sonne und Mond versteckt. Als sich der Chef der Gefiederten als erster auf die Puppe setzte, ergriff ihn die Sonne am Bein und hielt ihn fest. Als Lösegeld verlangten die Zwillinge den Tag, doch Urubutsin widersetzte sich lange.

Schließlich wurde der Vogel Jacu ausersehen, den Tag aus dem Reich der Vögel herbeizuholen. Mit den Federn des *roten* Arara getarnt, stieg er empor. Als er zurückkam, wurde es Licht auf der Erde. Die Sonne gab den Herrn der Vögel frei und wurde zum Herrscher des Tages. Der etwas langsamere Mond erhielt den Zeitraum, der den Tag von der Dunkelheit unterscheidet. Seither ist der Tag für die Arbeit da und die Nacht zum Schlafen.

Wie das Boot Igaranhã sich selbständig machte

Ein Indianer vom Stamm der Kamaiurá baute sich ein Boot aus der Rinde des Jatobá-Baumes. Als er gerade fertig war, bekam seine Frau einen Sohn, und er mußte nach Hause eilen. Das Boot blieb ein paar Tage unbewacht im Wald, und der frischgebackene Vater fürchtete, daß es gestohlen oder von wilden Tieren zerstört worden wäre.
Als er ein paar Tage später zu dem Jatobá-Baum ging, war das Boot tatsächlich fort. Der Mann setzte sich unter den Baum und dachte nach. Da hörte er plötzlich Lärm im Wald und sah, daß sein Boot auf eigenen Füßen an seinen Platz zurückkehrte.

»Wenn es ein Tier geworden ist«, dachte der Indianer, »werde ich ihm einen Namen geben: Igaranhã – das Krokodil.«
Er setzte sich hinein und befahl dem Boot, zum Fluß zu gehen. Igaranhã setzte sich wahrhaftig in Bewegung, und bald schwammen Mann und Boot auf dem Fluß. Sofort begannen die Fische ins Boot zu springen, die Igaranhã auf der Stelle verzehrte. Es sprangen immer mehr Fische ins Boot, und für den Indianer blieb eine ansehnliche Beute übrig. Er nahm sie wohlgemut und brachte sie nach Hause.
»Wo hast du die vielen guten Fische her?«, fragte seine Frau verwundert. »Ich habe einen guten Platz zum Fischen gefunden«, prahlte der Mann. Einige Tage darauf ging er wieder zum Fischen. Doch der Platz unter dem Jatobá war leer, das Boot offenbar auf Reisen. Nicht lange, da hörte der Indianer ein schleifendes Geräusch im Wald und Igaranhã tauchte auf, von einer Seite zur anderen wackelnd. Aha, dachte der Mann, es fordert mich zum Einsteigen auf. Er saß kaum, da machte sich Igaranhã wieder zum Fluß auf, und sofort hüpften die Fische ins Boot. Der Indianer sammelte sie unverzüglich ein, ohne dem Boot Zeit für dessen Anteil zu geben. Da fraß Igaranhã seinen Herrn auf, der nicht hatte begreifen wollen, daß die ersten Fische immer für den sind, der sie gefangen hat.

Wie der Frosch Minori auf den Mond kam

Minori, der listige Frosch, ging zu seinem Schwager, dem Leoparden, um ihn um Pfeil und Bogen zu bitten. Als der Frosch den Dorfplatz in Richtung des Leoparden-Hauses überquerte, machten sich die Leute über ihn lustig und sagten: »Dein Schwager wird dich fressen.«
Doch Minori betrat unbeirrt das Haus des Leoparden und unterhielt sich lange und angeregt mit seinem Schwager. Gegen Abend lud der Leopard den Frosch zum Baden ein. Auf dem Weg zum Fluß versuchte der Leopard hinter dem Frosch zu gehen, doch der verstand es mit geschickten Wendungen, hinter dem Leopard zu bleiben. Da sagten die Leute: »Der Leopard wird immer schlaffer. Oder will er Minori etwa nicht fressen?«
Als es dunkel wurde, meinte der Leopard: »Schwager, es ist Zeit, schlafen zu gehen.« Bevor Minori sich hinlegte, fing er ein Glühwürmchen, nahm ihm die Lampe ab und legte sie sich auf die Augen. Mitten in der Nacht wollte sich der Leopard den schlafenden Frosch greifen – und sah in dessen leuchtende Augen. Er zog sich zurück und lauerte die ganze Nacht, doch Minori schlief offenbar mit offenen Augen.
Anderntags war der Leopard müde und schlug abermals ein Bad im Fluß vor, um den Frosch zu überlisten. Doch Minori ging diesmal nicht ins Wasser, sondern wusch sich nur das Gesicht. Auf dem Rückweg über den Dorfplatz gelang es dem Frosch wiederum, seinen Schwager vorangehen zu lassen. Die Leute wunderten sich: »Wieso hat er den Frosch noch nicht gefressen? Der Leopard wird wirklich schlaff.«
Und der Leopard fragte den Frosch: »Schwager, wieso bist du eigentlich zu mir gekommen?«
»Ach ja«, sagte der Frosch, »ich wollte dich um Pfeil und Bogen sowie um eine Flöte bitten.«
Der Leopard gab ihm die Dinge, aber nur, um dem Frosch auf seinem Weg heimlich zu folgen. Der Frosch leitete ein paar Ameisenstraßen über den Weg und hörte vergnügt, wie der Leopard plötzlich mit den Pfoten zu trampeln begann.
»Was machst du denn hinter mir, Schwager?«, fragte Minori.
»Ich wollte dir die Kinder vom Halse schaffen«, sagte der Leopard scheinheilig. Und so ging es weiter. Der Frosch setzte seinen Weg fort, streute noch mehr Ameisen auf den Weg, und der Leopard verriet sich öfter und öfter durch heftiges Trampeln.

Schließlich wurde es Minori zuviel. Er drehte sich um u. schoß einen Pfeil nach seinem Schwager, verfehlte ihn jedoch. Da gab der Leopard auf und befahl den Schlangen, Minori zu töten, wenn er an ihnen vorüberkäme.
Als Minori zum Dorf der Schlangen gelangte, wollten sie ihn sogleich ergreifen. Doch der Frosch bat um eine Bank, um sich auszuruhen und ein wenig mit ihnen zu plaudern. »Ich weiß, daß ihr mich töten wollt«, sagte der Frosch, »aber es wäre besser für euch, würdet ihr das am Ufer des Sees machen. Andernfalls würde mein Blut euer Dorf überfluten.«
Da packten die Schlangen den Frosch und schleppten ihn zum See hinunter. »Es wäre besser«, sagte Minori, »ihr würdet mich hier absetzen und euch ein Stück entfernen. Dann könnt ihr mich leicht mit euren Schwänzen erschlagen.«
Als die Schlangen seinem Rat folgten, sprang Minori in den See und tauchte auf den Grund hinab. Die Schlangen sprangen hinterdrein und durchkämmten das ganze Gewässer – ohne Erfolg. Schließlich streckte Minori eine Hand aus dem Wasser und rief: »Damit habe ich eure Frauen belästigt, als ihr nach mir gesucht habt.« Das wiederholte der Frosch ein paar Mal, bis die Schlangen wutentbrannt mit Pfeilen nach ihm schossen, ohne ihn freilich zu treffen. Inzwischen stieg Minori unbemerkt aus dem See und ging pfeifend ins Schlangendorf. Er ging durch alle Häuser und schlug die irdenen Kochtöpfe kaputt. Die Schlangenfrauen schrien nach ihren Männern. Die kamen angerannt und schossen mit ihren Revolvern Löcher in die Strohdächer, doch den Frosch konnten sie abermals nicht erwischen. Wie die Schlangen noch auf dem Boden umherkrochen, stieg Minori singend zum Mond empor. Oben angekommen, holte er seine Flöte hervor und begann zu spielen.
Als das der Leopard hörte, wurde er sehr ärgerlich und sprach zu den Schlangen: »Ich habe euch gebeten, Minori zu töten. Aber ihr habt ihn nicht getötet. Ihr seid sehr, sehr schlaff.«
Minori aber lebt bis heute auf dem Mond und spielt Flöte.

Wie das Ende von allem sein wird

Im Häuptlingshaus der Juruna lebte ein alter Jaguar. Er lag tagaus, tagein auf einer Plattform oberhalb des Maniokspeichers. Er hatte Augen vorn und hinten am Kopf, und nichts im Stamm entging seiner Wachsamkeit. Als er älter und älter wurde, sorgte er sich um seine Nachfolge, doch er hatte kein Weib. Eines Tages sah er, wie die Frau des Häuptlings aus einer Spalte ihres Körpers Wasser ließ. Der Jaguar fühlte seinen Penis steif werden. Da sprang er hinab und steckte ihn in die Körperöffnung der Indianerfrau.

Bald darauf gebar sie einen Sohn, Sinaá genannt. Der wurde zum mächtigsten Häuptling der Juruna. Er zog mit seinem Stamm landauf, landab umher und lehrte seine Stammesgenossen viel Gutes, aber auch viel Böses. Je älter Sinaá wurde, desto weniger mochte er im Tageslicht sein. Als er des Herumziehens schließlich vollends müde geworden war, begab er sich an einen geheimen Ort und lebte dort mit einer Spinne als Frau, die ihm stets neue warme Kleider machte. Er war uralt, aber nach jedem Bade erschien er wieder verjüngt, denn er konnte seine Haut wie einen Sack über seinen Kopf ziehen, und darunter war eine neue.

Eines Tages kam ein weißer Besucher zu Sinaá, der wissen wollte, wie sein Volk lebte. Sinaá nahm seinen Gast mit auf einen hohen Felsvorsprung. Von dort konnte man die Juruna friedlich ihrem Fischfang, ihrer Jagd nachgehen sehen. Sinaá deutete auf eine riesige Baumgabel, die gegen das blaue Himmelszelt gestützt war. Und er sagte zu dem Fremden: »An dem Tag, an dem der letzte meines Volkes stirbt, werde ich den Baum wegstoßen. Das Himmelszelt wird einstürzen und jedermann unter sich begraben. Das wird das Ende von allem sein.«

Wie die neue Welt gefunden wurde

Der Stamm der Caiapó lebte in einem Land, in dem es weder Sonne noch Mond, weder Flüsse noch Wälder gab und schon gar nicht das wunderbare Blau des Himmels. Sie kannten nur Mandióca und vierbeinige Tiere, denn sie hatten keine Fische, keine Vögel, keine Früchte.

Eines Tages jagte ein Indianer einem Gürteltier nach und entfernte sich weit von seinem Dorf. Als er seine Beute, die immer größer wurde, je weiter sie sich entfernte, fast erwischt hatte, grub sich das Gürteltier plötzlich ein Loch in den Boden, schlüpfte hinein und verschwand.

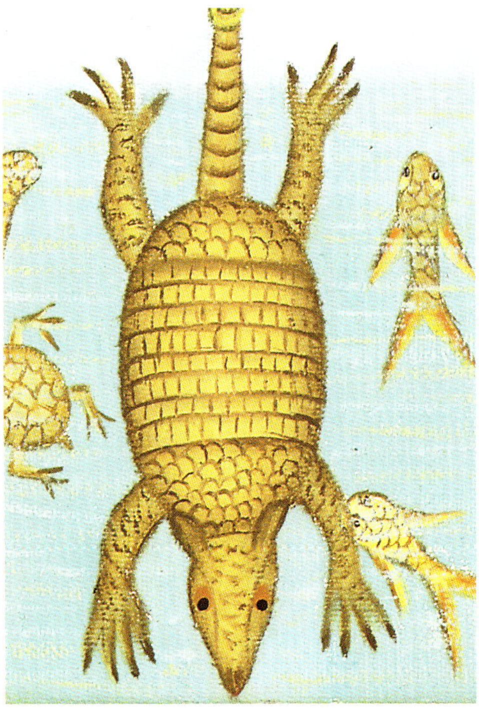

Der Indianer fand das Loch groß genug auch für sich selber und beschloß, dem Gürteltier zu folgen. Am Ende des dunklen Loches erblickte der Indianer ein helles Licht. Er kroch darauf zu und erschrak. Er blickte in eine Welt, die er noch nie gesehen, von der er noch nie gehört hatte.

Alles war anders als in den Jagdgründen der Caiapó. Da spannte sich ein blauer Himmel mit einer strahlenden Sonne über Wälder, Wiesen und Flüsse. Und darin wimmelte es von Fischen, Vögeln, seltenen Tieren und Insekten. Schmetterlinge gaukelten auf bunten Blumen, und allerorts dufteten wunderbare Früchte.

Wie gebannt verfolgte der Caiapó das phantastische Schauspiel, bis die Sonne sank und es dunkel wurde. Traurig wollte er sich zurückziehen, aber da entstand eine andere, ebenso faszinierende Szene. Ein heller Mond kam hinter den Bergen hervor und verzauberte die Landschaft mit seinem silbernen Licht. Und an einem fernen Himmel leuchteten zahllose Sterne. Der Indianer blieb sitzen und schaute zu, wie die Nacht ging, wie ein neuer Tag kam, dem wieder eine Nacht folgte und so fort.

Endlich konnte sich der Caiapó von dem Geschauten lösen. Er rannte zurück ins Dorf und erzählte seinen Stammesgenossen davon. Die mochten es nicht glauben und überzeugten sich alle an dem Loch des Gürteltiers von der Wahrheit. Nun wollte niemand mehr in der alten Welt leben, und der Häuptling gab seine Erlaubnis, in die neue Welt hinunterzusteigen. Die Caiapó machten sich lange Seile, banden sie an einem anderen Gürteltier fest und stiegen mit seiner Hilfe hinab ins irdische Paradies.

Wie die Wasserfälle von Iguaçu entstanden

Als der Rio Iguaçu noch ein ruhig dahinfließender Strom war, lebte an seinen Ufern der mächtige Stamm der Caiangang-Indianer. Ihre Geisterwelt wurde von zwei Göttern beherrscht: von Tupã, dem Gott des Guten und von dessen Sohn M'Boy, der sich stets gegen den Willen seines Vaters auflehnte und nur das Böse wollte.
M'Boy verursachte Krankheiten, Plagen, Unwetter, Angriffe wilder Tiere und feindlicher Indianer. Um ihn zu besänftigen, opferten die Caiangang in jedem Frühling ein schönes junges Mädchen, das sie dem bösen Gott zur Frau gaben. Einmal kam auch die Reihe an Naipi, die Tochter des Häuptlings, die wegen ihrer Schönheit berühmt war. Es war ein Privileg, für diese wichtige Mission auserwählt worden zu sein. Und so erwartete Naipi voll Stolz den Tag der Hochzeitszeremonie, zu dem viele junge Krieger aus den Nachbardörfern herbeieilten.

Unter den jungen Männern war auch Tarobá, ein Krieger, der wegen seines Mutes und seiner Tapferkeit hohes Ansehen besaß. Es fügte sich, vielleicht nach dem Willen des guten Gottes Tupã, daß sich Naipi und Tarobá ineinander verliebten. Am Vorabend des Opferrituals trafen sich die Liebenden am Rio Iguaçu und beschlossen zu fliehen. Tarobá besorgte ein Boot, und als alle Festteilnehmer nach stundenlangem Tanz von der Müdigkeit übermannt wurden, fuhren Tarobá und Naipi auf den nächtlichen Fluß hinaus.
Der böse Gott M'Boy hatte, von Eifersucht geplagt, die Fluchtvorbereitungen beobachtet und setzte jetzt den Fliehenden nach. Allein, Tarobá ruderte das Boot mit solch mächtigen Schlägen voran, daß M'Boy es nicht einzuholen vermochte. Da warf der böse Geist seinen riesigen Leib, der die Gestalt einer Schlange hat, in den Fluß und öffnete in dessen Bett eine ungeheure Spalte: die Wasserfälle von Iguaçu. In ihnen verschwand das Boot samt der Liebenden. Tarobá wurde zur Strafe in eine Palme oberhalb und Naipi in einen Felsen unterhalb der Fälle verwandelt.
Naipi ist immer von einem Schleier kalten Wassers umgeben, der ihre Liebe zu Tarobá abkühlen soll. Und der kühne Krieger kann seiner versteinerten Braut nur dann Liebesworte zuflüstern, wenn der Wind die Zweige der Palme bewegt. Von einer dunklen Höhle aus beobachtet der böse M'Boy mit Genugtuung die ewige Qual der Liebenden. Und für die Menschen werden sie nur sichtbar, wenn die Enden des Regenbogens den Fels und die Palme berühren. Dann erscheinen die Konturen von Naipi und Tarobá im Licht, und über dem Fluß ist ein Geflüster von Liebe und Schmerz zu hören.

Wie die Pflanze Mandioca in die Erde kam

Die Tochter des Häuptlings erhoffte sich, wie jedes junge Mädchen, einmal glücklich verheiratet zu sein. Aber keiner der jungen Männer in ihrem Stamm vermochte in ihrem Herzen die Liebe zu entzünden. In heißen Nächten, wenn sich alle schon in ihren Häusern zum Schlafen anschickten, legte sich die Häuptlingstocher im Freien in eine Hängematte. Sie schaute stundenlang in den Mond und träumte von einem Glück als Frau und Mutter.

Eines Nachts schlief sie darüber ein und hatte einen seltsamen Traum. Ein schöner junger Mann mit blondem Haar erschien ihr und legte sich zu ihr in die Schlafmatte. Er lebe auf dem Mond, verriet er ihr, und er liebe sie sehr. Der Traum wiederholte sich einige Nächte lang, aber die Tochter des Häuptlings sagte davon niemandem ein Wort. Als der geheimnisvolle Jüngling vollends von ihrem Herzen Besitz ergriffen hatte, verschwand er für immer aus ihren Träumen. Das Mädchen wurde darüber tieftraurig.

Nach einiger Zeit bemerkte es, daß es – obwohl noch Jungfrau – schwanger war. Sie vertraute sich verzweifelt ihren Eltern an, doch ihr strenger Vater glaubte ihr die Geschichte nicht und verstieß sie. Bald darauf gebar die Häuptlingstochter ein hübsches Mädchen mit hellblondem Haar, das an die Farbe des Mondes erinnerte. Das Kind wurde auf den Namen Mandi getauft, und der ganze Stamm verehrte das Neugeborene wie eine Gottheit.

Doch Mandi wurde nach kurzer Zeit krank und starb. Alle im Stamm trauerten, nur der Häuptling nicht, denn er hatte seiner Tochter nie verziehen. Diese begrub den kleinen Leichnam in ihrer Hütte, in der Oca, denn sie wollte immer in der Nähe Mandis sein. Alle Nachbarn kamen zum Begräbnis und bedeckten Mandis Körper mit Blumen. Und die Mutter kniete täglich über dem Grab und weinte, während die Milch aus ihren Brüsten floß, als wollte sie das Kind noch im Tode stillen.

Nach einiger Zeit wuchs eine Pflanze aus dem Grab, unablässig begossen von den Tränen der Mutter, die glaubte, daß der Zweig dem Kind Gesellschaft leistete.

Die Pflanze gedieh zu einem Busch, und die Erde über den Wurzeln zeigte Risse. Will meine kleine Mandi aus dem Grab steigen? dachte die Mutter und begann mit ihren Händen das Erdreich beiseite zu schaufeln. Zu Tage kamen knollige Wurzeln, die stark dufteten und deren weißes Fruchtfleisch an Mandis Hautfarbe erinnerte.

Zur selben Zeit hatte der hartherzige Häuptling einen merkwürdigen Traum. Der blonde Jüngling, von dem ihm seine Tochter einst erzählt hatte, erschien im Schimmer des Mondes und verkündete dem Häuptling, daß Mandi sich in eine Frucht verwandelt habe, die künftig das Brot der Indianer sein sollte. Und er verriet auch, wie man die Knolle zubereitet und anpflanzt. Die Indianer würden nie mehr Hunger leiden, wenn der Häuptling endlich seiner Tochter verziehe.

Am folgenden Tag rief der Häuptling seinen Stamm zusammen, erzählte ihm von der frohen Botschaft und umarmte vor aller Augen seine Tochter. Die künftige Brotpflanze der Indianer erhielt den Namen Mandioca: nach Mandi und dem Ort, wo sie begraben lag – Oca.

Wie Guarana ein Getränk zum Wachhalten wurde

Aguiry war der fröhlichste Knabe in seinem Stamm. Er ernährte sich ausschließlich von Früchten, und das, so vermuteten die Indianer, war der Grund, warum er stets guter Dinge war. Jeden Tag ging Aguiry in den Wald und kehrte mit einem Korb voller Früchte zurück, die er an seine Freunde verteilte, auf daß diese ebenfalls fröhlich gestimmt würden.

Eines Tages entfernte sich Aguiry zu weit von seinem Dorf und verirrte sich im Wald. Als die Nacht hereinbrach, blieb dem Jungen nichts anderes übrig, als sich ein Lager aus Laub zu bereiten und den Tag abzuwarten. Er tröstete sich, daß ihn sein voller Korb mit Früchten vor dem Verdursten und Verhungern bewahren würde. Doch er hatte nicht mit Jurupari gerechnet, dem Dämon der Finsternis, der in Vogelgestalt erscheint und süße Früchte über alles liebt.

Jurupari griff den Knaben mit seinen scharfen Krallen und seinem mächtigen Eulenschnabel an und tötete ihn, um an die Früchte zu gelangen. Unterdessen waren Aguirys Verwandte und Freunde in großer Sorge, weil der Junge nicht nach Hause gekommen war. Sie machten sich am nächsten Morgen auf und fanden ihn nach banger Suche tot neben dem leeren Früchtekorb.

Auf Geheiß ihres guten Gottes Tupã begruben die Indianer Aguirys Augen unter einem Baum, der schon seit vielen Jahren vertrocknet war. Jeden Tag kam eine Abordnung des Stammes zu dem Baum, um den Jungen zu beweinen. Und siehe da: Bald schlug der trockene Baum aus, als hätten ihm die Tränen neue Kraft gegeben. Und im nächsten Frühling trug der Baum Früchte von einer den Indianern unbekannten Art: Sie waren rot und verbargen einen dunklen Kern, der an Aguirys Augen erinnerte.

Nun verriet ihnen Tupã, daß die Frucht Guarana heiße und daß man sie essen könne. Man müsse sie trocknen, raspeln und mit Wasser mischen, dann sei sie zu jeder Jahreszeit verfügbar. Bald merkten die Indianer, daß Guarana, in Maßen genossen, allerlei Krankheiten heilte und müde Leute wach hielt. Seither hat jeder Indianer Guarana dabei, wenn er im Wald übernachten muß. So hat der Dämon der Finsternis keine Chance mehr, einen müden Menschen im Schlaf zu überraschen.

Wie die Königin der Nacht geboren wurde

Marai, eine schöne junge Indianerin liebte die gesamte Natur. Doch ihr liebster Platz war der See in der Nähe des Dorfes, und ihre liebste Tageszeit die Nacht. Dann galt ihre ganze Aufmerksamkeit dem erleuchteten Himmel, und sie beobachtete den Lauf des Mondes und der Sterne. Eines Nachts erwachte in ihr der Wunsch, ebenfalls ein Stern zu werden. Sie bat ihren Vater um Hilfe, der ein Pajé, ein Medizinmann und mit überirdischen Kräften ausgestattet war. Der weise Mann verriet ihr schweren Herzens das Geheimnis: »Es genügt, wenn du Jacy, den Mond, bittest, dich zu erhören. Denn jedesmal, wenn er hinter den Bergen untergeht, nimmt er eine junge Indianerin mit sich. Sie erscheint in der nächsten Nacht als heller Stern am Himmel.«

Von diesem Tag an spielte und sang Marai nicht mehr mit den anderen Mädchen. Wenn der Vollmond schien, ging sie wie eine Mondsüchtige über die Felder und flehte inständig zu Jacy, daß er sie mitnähme und in einen leuchtenden Stern verwandle. Als lange nichts geschah, suchte sie in einer Vollmondnacht Trost bei den Fischen im See. Sie warf sich in den silbernen runden Spiegel des Mondes und verschwand für immer im Wasser.
Da baten die Fische und Vögel, die Marais Gesellschaft immer geliebt hatten, den Mondgott Jacy, daß er das Mädchen nicht in einen Stern des Himmels sondern des Wassers verwandle. Und siehe, auf dem Wasser erschien ein kreisrundes Blatt von der Größe des Vollmonds. So hat Jacy die Vitoria Regis erschaffen, die Königin der Nacht, die den Amazonas mit ihrem Duft und ihrer Schönheit verzaubert.

Wie Yara eine Nixe wurde

Yara war das schönste Mädchen im Stamme der Tupi, die an den Ufern des unermeßlichen Rio Amazonas wohnten. Ihre elegante Haltung, ihr langes Haar, ihr freundliches Lächeln machten Yara zur begehrtesten jungen Frau, doch alle Heiratsanträge ließen sie gleichgültig. Sie zog es vor, durch den Wald zu wandern, die Spur ihrer Füße in den weißen Sand zu setzen und in den klaren Wassern des Amazonas zu baden. Und alle Tiere, Vögel und Pflanzen liebten sie wegen ihrer Sanftheit.

An einem warmen Sommerabend, als die Sonne bereits hinter den Horizont sank, schwamm Yara noch ein wenig im Fluß, obwohl sie längst hätte ins Dorf zurückkehren sollen. Sie wurde von einer Gruppe Männer überrascht, die mit einem Boot den Amazonas heraufgekommen waren. Solche Menschen hatte Yara noch nie zuvor gesehen. Sie trugen Kleider, Hüte und dichte Bärte. Ehe das Mädchen fliehen konnte, wurde es rauh gepackt, und einer der Fremden hielt ihm den Mund zu. Yara merkte nicht, was ihr geschah, denn sie dachte konzentriert an ihre Eltern, ihre Geschwister und bat ihren Stamm um Hilfe. Sie wurde ohnmächtig, ehe die Männer sie, einer nach dem anderen, schänden konnten. Dann wurde Yara in den Fluß geworfen, und sie wäre ertrunken, hätte der Geist, der auf dem Grunde des Wassers wohnt, sie nicht gerettet. Er verwandelte Yara nämlich zur Hälfte in einen Fisch, so daß sie in dem menschenfremden Element überleben konnte.

Und so saß Yara auch später auf ihrem Lieblingsstein im Fluß und hielt Zwiesprache mit den Fischen und Vögeln – als eine Nixe, deren Gesang für die Männer unwiderstehlich war. Wann immer sich aber ein Mann dem schönen Geschöpf und dessen einladender Geste näherte, war er des Todes. Yara stieß ihn mit der Hand in die Tiefe, hinab zu den Krokodilen.
Den Fischen bewies Yara ihre Liebe, wann immer ein Baum am Fluß süße Früchte trug. Sie rief die Vögel, damit sie die Früchte pflückten und zu den Fischen ins Wasser warfen.

Walde Mar-1995

Wie sich der Morgenstern in einen Menschen verwandelte

Imaeru, ein hübsches, aber eitles Mädchen von Stamm der Karaja, hatte sich in den Kopf gesetzt, Thaina Khan zu besitzen, den strahlenden Morgenstern. Unablässig lag sie ihrem Vater mit ihrem Wunsch in den Ohren, bis der gütige Alte, der ein Medizinmann war, den Gott Tupã ersuchte, die Bitte der Tochter zu erfüllen. Tupã aber antwortete, daß der Morgenstern nur in Menschengestalt zu einem Menschen kommen könne.

Als die Tochter dies vernahm, ging sie in einer hellen Vollmondnacht vors Haus und rief ihren Wunsch hinauf zu den Sternen: »Thaina Khan, komme herab und heirate mich!«

In diesem Moment verlöschte der Morgenstern, und wie aus dem Boden gewachsen stand ein alter Mann vor Imaeru. »Ich bin Thaina Khan«, sagte er, »nun heirate mich.« Doch Imaeru wies den Alten enttäuscht ab. »Ich bin jung und schön«, sagte sie voller Stolz, »aber du bist alt und häßlich. Ich will dich nicht.«

Da erfüllte Thaina Khan Trauer, daß er sich von einem glänzenden Stern am Himmel zu einem gewöhnlichen Menschen auf Erden verwandelt hatte, und er beklagte sein Schicksal. Das hörte Danace in ihrer Hütte, die Schwester Imaerus. Sie war weniger schön, aber dafür gütig und sanft. Sie kam heraus und fragte den alten Mann nach seinem Kummer. Als Danace die Wahrheit erfuhr, hatte sie Mitleid mit Thaina Khan und heiratete ihn.

Sie lebten in Liebe zusammen, und Thaina Khan zeigte den Karaja-Indianern, wie man Mandioca, Mais, Süßkartoffeln und andere Nahrungspflanzen kultiviert. Eines Abends kam Thaina Khan nicht zur üblichen Zeit von den Feldern heim. Danace sorgte sich und eilte hinaus, um nach ihrem Gatten zu sehen. Da erblickte sie zwischen den Pflanzen einen schönen jungen Mann, der ganz von hellem Licht umhüllt war. »Ich bin dein Mann Thaina Khan«, sagte der Jüngling. »Tupã hat mich verwandelt, um dich für deine Güte zu belohnen.«

Die beiden umarmten einander und kehrten glücklich ins Dorf zurück. Als Imaeru den verwandelten Thaina Khan erblickte, bot sie ihm die Heirat an. Doch Thaina Khan lehnte ab, und die eitle Jungfrau rannte verbittert in den Wald, wo sie in Menschengestalt nie mehr gesehen wurde. Denn Tupã verwandelte sie zur Strafe für ihre Hoffart in einen Nachtvogel. Er heißt Urutau und muß in Vollmondnächten mit traurigem Gesang seine verlorene Liebe beklagen.

Wie Cervo Berá auf immer verschwand

Das Mädchen Ponain war jung und schön und lebte in seinem Stamm in unbekümmerter Freiheit. Es wanderte froh über die Wiesen und Felder, freute sich an der Schönheit des Waldes und labte sich in den klaren Wassern der Flüsse und Seen. Doch dies alles erschien Ponain noch nicht genug. Am meisten liebte sie es, die Leidenschaft der jungen Männer ihres Stammes zu entfachen, um sie danach abzuweisen und sogar zu verspotten.

Allein Anhurawi, ein stattlicher und starker Krieger, gab in seinem Liebeswerben nicht nach. Um ihn auf die Probe zu stellen, verlangte Ponain eine schier unmögliche Tat von ihm als Beweis seiner Liebe. In jenem Gebiet lebte nämlich ein wunderbarer Hirsch, der Cervo Berá. Seine Anmut und Schönheit, sein glänzendes Fell und sein starkes Geweih waren für jeden Jäger im Stamm eine Herausforderung. Aber das behende Tier hatte sich noch jeder Nachstellung entziehen können.

»Bringe mir das Fell von Cervo Berá«, sagte Ponain, »und wir werden es als Decke für unsere Hochzeitsnacht benutzen.«

Obwohl Anhurawi die Gefahren kannte, machte er sich sofort auf die Fährte des sagenhaften Hirschen. Als er des stolzen Tieres ansichtig wurde, versammelte er all seine Kräfte in sich und jagte Cervo Berá nach. Der Hirsch entfloh hingegen mit Leichtigkeit und lockte den Jäger an den Abgrund einer Grotte, welche die Indianer Caverá nannten. Er stürzte sich hinunter ins Wasser des Sees Parobé. Anhurawi sprang ihm todesmutig nach, und beide, Mensch und Tier, verschwanden für immer in der Tiefe.

Seit diesem Tag geht die stolze und schöne Ponain jeden Morgen an das Ufer des Sees und verharrt dort bis zum Abend, überwältigt von einer namenlosen Traurigkeit. Denn seit Anhurawi verschwunden ist, wünscht sich Ponain nichts sehnlicher als seine Rückkehr – mit dem Fell des Cervo Berá im Arm.

Wie der Vogel Irapuru die Liebenden tröstet

Ein Jüngling wurde von allen Mädchen in seinem Stamm bewundert und umworben, weil er so schön auf der Flöte spielen konnte. Sie gaben ihm den Namen Catubore, liebliche Flöte. Unter allen, die um seine Zuneigung rangen, konnte nur die schöne Mainá seine Liebe gewinnen. Die Hochzeitsfeier wurde von den Eltern für den kommenden Frühling geplant, und die Liebenden konnten die Zeit kaum erwarten.

Eines Tages ging Catubore zum Fischen und kam nicht zurück. Der ganze Stamm machte sich auf die Suche, und sie fanden ihn schließlich leblos unter einem Baum, gebissen von einer tödlich giftigen Schlange. Unter diesem Baum wurde er begraben. Mainá besuchte den Platz an jedem Tag und weinte, untröstlich über den Verlust, viele Stunden lang.

Catubores Seele vernahm das Wehklagen und war über das Unglück der Braut sehr traurig. Er konnte keine Ruhe finden und bat deshalb den Gott Tupã um Hilfe. Tupã verwandelte die Seele des Jungen, der zu Lebzeiten so wunderbar Flöte gespielt hatte, in den Vogel Irapuru, damit er Maina mit seinem süßen Gesang erheitere.

Seither ist Irapuru der Vogel der Liebenden. Wenn sie seinen Gesang vernehmen, erfüllt sich ihr Herz mit Glück und ihr Leben mit Liebe.

Wie die Diamanten in den Fluß kamen

Ein junger Häuptling war so stark, daß ihm seine Krieger den Beinamen Itajyba gaben: Steinerner Arm. Doch trotz seiner Unbeugsamkeit als Kriegsführer war er zärtlich verliebt in das sanfteste Mädchen des Stammes, das den Namen Potyra trug für Blume. Die beiden sah man immer zusammen. Sie gingen Hand in Hand zum Beeren suchen in den Wald oder zum Baden an den Fluß.

Eines Tages wurde Itajybas Dorf von einem feindlichen Stamm angegriffen. Der Häuptling führte seine Krieger über den Fluß, der die Grenze des Gebietes bildete, und in den Kampf gegen die Eindringlinge. Nach einiger Zeit kamen die Krieger siegreich zurück. Nur Itajyba war gefallen. Potyra hatte mit großer Sehnsucht auf den Geliebten gewartet und war untröstlich. Sie ging jeden Tag ans Flußufer, von wo sie Itajyba das letzte Mal gesehen hatte, und weinte über seinen Verlust.

Der gute Gott Tupã war über ihren Kummer so gerührt, daß er beschloß, Potyras unwandelbare Liebe zu Itajyba zu verewigen. Er verwandelte jede ihrer Tränen in einen Diamanten. Sie fielen in den Fluß und wurden von ihm nach langer Zeit zum Grab des Häuptlings getragen. Itajyba empfing die kostbaren Steine als Zeichen und Botschaft einer unsterblichen Liebe.

Wie die Nacht in die Welt geriet

Am Anfang gab es die Nacht noch nicht. Sie schlief am Grunde des Wassers zusammen mit ihrer Herrin, der Riesenschlange. Die Tochter der Schlange aber weigerte sich, mit ihrem Manne zu schlafen, weil es nie Nacht wurde. Da rief ihr Mann die drei Boten des Stammes zu sich und schickte sie aus, die Nacht herbeizuholen.

Der Riesenschlange war es einerlei. Sie übergab den Boten eine mit Wachs versiegelte Kokosnuß und sagte: »Nehmt sie mit. Aber ihr dürft sie unter keinen Umständen öffnen.« Auf dem Rückweg hörten die drei Boten ein Geräusch in der Nuß, das wie der Gesang von Fröschen und Grillen klang. Dem Neugierigsten der drei gelang es, seine beiden Kameraden zu überzeugen, daß man die Nuß öffnen mußte.

Und sofort entwischte ihnen die Nacht, und sie erschienen vor der Tochter der Riesenschlange mit der leeren Nuß. Sie war verärgert, denn nun mußte sie etwas erfinden, das die Nacht vom Tag trennte.

Als der Morgenstern am Himmel erschien, erschuf sie den Vogel Cujubim und befahl ihm, in der Morgendämmerung zu singen, damit der Tag käme. Und um die Nacht herbeizurufen, schuf sie den Vogel Inhambu, der immer in der Abenddämmerung zu singen hatte. Außerdem erschuf sie noch andere Tagvögel, damit man immer hören konnte, ob es Nacht oder Tag war.

Die drei ungehorsamen Boten aber wurden zur Strafe in Affen verwandelt. Deshalb haben einige von ihnen einen schwarzen Mund vom Rauch des Feuers sowie einen gelben Streifen am Arm, der vom geschmolzenen Siegelwachs an der geöffneten Kokosnuß herrührt.

Wie eine Kinderseele in den Indianerhimmel fliegt

Die Indianer am Amazonas glauben, daß sich die Seele eines sterbenden Indianers in einen Schmetterling verwandelt. Darauf fliegt sie auf Falterflügeln von Blume zu Blume und stärkt sich mit Honig, damit sie die lange Reise in den Himmel durchstehen kann.

Coacyaba, eine gütige Indianerfrau, wurde schon früh Witwe und lebte nur noch weiter, um ihre einzige Tochter Guanamby glücklich zu machen. Täglich gingen Mutter und Tochter über die Wiesen spazieren und freuten sich an der bunten Pracht der Blumen und an den Vögeln und Schmetterlingen.

Doch Coacyaba verzehrte sich innerlich vor Sehnsucht nach ihrem verstorbenen Mann. Ihre Kräfte schwanden von Tag zu Tag, und bald mußte sie sterben.

Das Waisenkind Guanamby suchte jeden Tag das Grab seiner Mutter auf, um Trost zu finden und sie zu bitten, ihr in den Himmel nachfolgen zu dürfen. So wurde auch das Kind immer schwächer und starb kurz nach dem Tode seiner Mutter. Guanambys Seele versteckte sich in einer Blume neben ihrem Grab und rief unablässig nach der Mutter, damit sie sie hole. Coacyabas Seele, die als Schmetterling von Blume zu Blume flog, hörte die Stimme der Tochter und versuchte, deren Bitte zu erfüllen. Aber sie hatte in der Gestalt eines Schmetterlings nicht genügend Kraft, um die Seele des Kindes in den Himmel zu tragen.

Da bat Coacyaba die Sonne, sie möge sie doch in einen Vogel verwandeln. Ihr Wunsch wurde nur zum Teil erfüllt. Sie wandelte sich zu einem winzigen Vogel, der wie ein Schmetterling Honig saugen konnte: ein Kolibri. Aber es war Coacyaba möglich, die Seele ihrer Tochter in den Himmel zu tragen, wo sie allen anderen Seelen erzählte, wie sie zu einem Kolibri geworden war.

Seither verwandelt sich eine Indianerseele in einen Kolibri, wenn ein Indianerkind stirbt. Der Kolibri fliegt von Blume zu Blume, um die Kinderseele zu finden und auf seinen Flügeln zu tragen. Denn die Seele eines Kindes hat nicht die Kraft, ohne Hilfe in den Himmel zu fliegen.

Brasiliens letzte Ureinwohner: Nur in der grünen Hölle leben sie wie im Paradies

Orlando Villas Bôas, der berühmte alte Mann, sitzt auf der Erde und gibt sich einem unwürdigen Geschäft hin. Er, den die Indianer wie einen *pajé,* wie einen großen Schamanen verehren, stapelt Toilettenseife, schichtet Zigarettenpäckchen auf, baut Türmchen aus Zündholzschachteln, scheidet blaue Keramikperlen von roten, gelben und weißen. Seine Lippen formen stumme Zahlwörter, über seine Stirn zieht sich eine Falte, die gerade ist wie ein Bilanzstrich.

Zwei Dutzend Indianer sehen schweigend durch Tür und Fenster zur Hütte herein. Ihre Blicke haften an den Händen des weißen Mannes, der pedantisch wie ein Händler in den Waren kramt. In ihren Gesichtern steht die Begierde, all die schönen Dinge in die eigenen Hände zu nehmen. Doch ihre Augen spiegeln auch die Gewißheit, daß die süße Sucht, zu besitzen, ihren Preis hat. Ihn diktiert immer die notorische Krämerseele des *caraíba,* des weißen Eindringlings.

Sein Bild überlieferte sich den Indianern von Generation zu Generation; es hat sich seit einem halben Jahrtausend nicht gewandelt. Es ist der immer wiederkehrende Fremde mit den »weißen« Augen und dem harten Mund. Der mit doppelter Zunge redet und vor Geiz »auf seinen Händen sitzt«. Er handelt dem roten Mann für Tand und Talmi die Güter seiner Kultur ab.

Orlando Villas Bôas, den die Indianer am Rio Xingu auch ihren Vater nennen, braucht diesen Verdacht nicht zu fürchten. Er kann sich von seinen roten Kindern getrost auf die Finger schauen lassen, besonders beim letzten Zähldurchgang von überaus nützlichen Gegenständen: Er häufelt je hundert Angelhaken auf den Lehmboden.

»Tausend«, sagt Orlando, »sind ein gutes Geschenk für die Männer der Yawalapiti.«

Das eine, das erlösende Wort »Geschenk« wird mit Beifallsgeheul quittiert. Dann entfernt sich das Trappeln nackter Sohlen, und es wird still vor Orlandos Hütte. Denn fast gleichzeitig erstirbt das Gedröhn des Generators, der tagsüber die vier Wohngebäude und das Hospital, die Schulbaracke und die Küche mit Strom und Wasser versorgt.

Es ist Nacht geworden im Posto Leonardo, einer Urwaldstation im Mato Grosso, mitten im brasilianischen Indianerland. Orlando zündet die Petroleumlampe an.

Draußen lodern Feuer auf. Der rote Schein schneidet die Silhouetten sitzender Gestalten aus dem Dunkel. In das Prasseln der Flammen mischt sich Palaver. Die seit drei Tagen anhaltende Spannung macht sich Luft. Endlich ist das Geheimnis, was sich wohl im Gepäck von Orlandos Begleitern verbergen mochte, der Gewißheit gewichen: Die Fremden, die *caraíba,* sind nicht zum Tauschhan-

del hergekommen wie andere vor ihnen – sie haben Geschenke mitgebracht.
Die fremden Weißen sind Michael und ich. Unsere Ankunft auf dem Posto Leonardo hat, wie zu Sankt Nikolaus im Advent, zwiespältige Erwartungen ausgelöst: Haben wir Gaben im Sack oder die Rute? Auf jeden Fall haben wir für Unruhe gesorgt, denn wir sind seit vielen Jahren die ersten europäischen Journalisten im Xingu-Nationalpark, dem verschlossensten und am besten gehüteten Indianer-Reservat Brasiliens. Hier leben 2000 Indianer in 16 Stammesgemeinschaften auf einem Waldterritorium von der Fläche Belgiens.
Das kleine, zehnsitzige Flugzeug vom Typ *Bandeirantes* ist kaum auf der Graspiste gelandet, da überschwemmt uns eine Welle heftigen Jubels. Mann für Mann umarmen uns die Indianer: Bewohner der Station und einige Stammesabordnungen aus den nächstgelegenen Dörfern. Wieder und wieder schlagen sie uns die rote Hand ins Kreuz, und ich sehe, über die Schulter eines mich hart zur Brust nehmenden Gesellen hinweg, wie sich Michaels Hemd mit dem öligen Saft der Urucu-Frucht ebenso rot einfärbt wie die nackte Haut der Indianer. Und merkwürdig: Keiner unserer neuen Freunde versäumt, während er uns ans Herz drückt, sich nach der Uhrzeit und unserer Schuhgröße zu erkundigen.
»Armbanduhr und Schuhe gelten ihnen als der begehrteste Fetisch des weißen Mannes«, hat uns Orlando gewarnt: »Laßt weder das eine noch das andere aus den Augen.«
Kühle Skepsis, als seien sie eher auf die Rute denn auf Gaben gefaßt, begegnet uns in Gestalt von Chico und Joaton. Die beiden Beamten der brasilianischen Indianerbehörde, dem kurz Funai genannten Fundação Nacional do Indio, begrüßen uns nicht bei der Landung. Sie nehmen uns erst später mit einem förmlichen Händedruck vor der Funkbude zur Kenntnis.
»Estrangeiros aterrandos« – »Die Fremden sind gelandet!« meldet Chico knapp über das Funksprechgerät an die Zentrale seiner Behörde in der Hauptstadt Brasilia. »Hospedes«, nämlich »Gäste«, wäre der brasilianischen Höflichkeit angemessener gewesen, doch Chico spuckt das Wort »Estrangeiros« so distanzierend in den Äther, daß weder seinem Chef in Brasilia noch uns der geringste Zweifel bleibt, wie er über unsere Gegenwart im Posto Leonardo denkt.
Francisco »Chico« de Assis da Silva, 33 Jahre alt, ist der Direktor des Xingu-Reservats und seit 16 Jahren als Indianerschützer aus Passion im Dienst des Funai. Er behandelt – aus schlechter Erfahrung zum Prinzip erhoben – jeden Fremden bei »seinen« Indianern mit Argwohn.
Seiner nicht nachlassenden Wachsamkeit wegen haben ihm die Indianer den Kriegsnamen *kuiuira* gegeben: Der Vogel, der stets auf der Hut ist. Äußerlich läßt Chico mit seinem Stiernakken und seinem prallen Bauch kein Übermaß an Sensibilität vermuten. Doch wir spüren sofort, daß der Xingu-Direktor auf uns nicht gut zu sprechen ist, weil unsere Anwesenheit auf dem Posto Leonardo, nach dem Willen seines Funai-Präsidenten Dr. Leal in Brasilia, auch seinen Aufenthalt zur Folge hat. Darüber wiederum ist Joaton Alves da Silva, der Postenchef, verärgert, weil sich nun außer ein paar lästigen Gästen noch ein vorgesetzter Aufpasser auf der Station befindet. Eine Stange Zigaretten, die wir ihm zustecken, stimmt ihn ein wenig milder und bestätigt zugleich seinen Spitznamen bei den Indianern: *caipá* – Der zuviel raucht.
Orlando Villas Bôas scheint die gespannte Atmosphäre nicht zu bemerken. Er streift sogleich – bis auf eine kurze Hose – das Kleid der Zivilisation ab und fühlt sich, nach eigenem Bekunden, »so frei wie ein Wollaffe im Wald«.
Dreißig Jahre hat der Schutzpatron der brasilianischen Ureinwohner und Mitbegründer des Xingu-Nationalparks unter den Yawalapiti, Mehinaku, Waurá und den 13 weiteren Restvölkern des Reservats gelebt wie einer

der ihren. Aber das liegt nun schon etwa zehn Jahre zurück, und die bloße Unschuld der Indianer ist, wenn auch nicht längst dahin, so doch hier und da mit Hemd und Hose bedeckt.
Dennoch hält Orlando bei seiner alljährlichen Stippvisite im Reservat unbekümmert seine Hüllenlosigkeit weiterhin für einen Akt der Höflichkeit gegenüber der ursprünglichen Nacktheit seiner Schützlinge. Ich kann ein Gefühl der Scham für den weißen Mann nicht unterdrücken, wenn der 68jährige in unnatürlicher Blöße seinen Altersspeck unter den asketisch straffen Gestalten der Indianer zur Schau stellt. Orlando freilich läßt sich den Genuß paradiesischen Wohlbefindens, das den Naturmenschen zu bewahren sein Lebenswerk geworden ist, nicht nehmen. Lebt er bereits seine eigene Legende?
In der Sache ist er zweifellos realistisch – und auf seinen Vorteil bedacht. Nicht umsonst hat er darauf bestanden, unsere Geschenke, die Eintrittskarten für den Besuch bei verschiedenen Stämmen, unter den Augen der Indianer Stück für Stück zu zählen, zu begutachten, zu teilen, denn: Was durch seine Hände gegangen ist, werden die Beschenkten auch als etwas von ihm Gegebenes ansehen. Uns kann es recht sein, denn seine Hilfe ist uns wichtig.
Verständnislos sehe ich allerdings zu, wie Orlando die in zehn Hunderterhaufen geteilten Angelhaken zusammenschiebt und in einen Plastikbeutel schüttet. Warum sollen wir morgen den Yawalapiti abermals vorzählen, was bereits so schön übersichtlich aufgeteilt war?
»Nichts belustigt die Indianer mehr«, antwortet Orlando spöttisch, »als die Logik des weißen Mannes.«
Der Stamm, zu dem wir morgen gehen wollen, so erzählt Orlando, hatte vor Jahren Besuch von der Handelsniederlassung, die es inzwischen – gottlob und dank Orlando – nicht mehr gibt. Es waren drei *caraíba.* Nachdem man lange über dies und das geredet hatte, holte einer der weißen Männer ein Stück Seife aus der Tasche, schnitt es in drei gleiche Teile und bot es höflich dem Häuptling und dessen beiden Söhnen an.
»Er wollte die Seife gegen einen Pfeil tauschen«, sagt Orlando, »der ihm in seiner Sammlung von Indianerwaffen noch fehlte.«
Der Häuptling war in seine Hütte gegangen und mit feierlichem Gesicht, einen schön gearbeiteten Pfeil in der Hand, wieder herausgekommen. Dann hatte er das Geschoß gemessen in drei gleich lange Stücke gebrochen und sie an die verblüfften *caraíba* verteilt.
»Der Häutpling, dem ihr morgen eure Geschenke zu Füßen legen werdet«, erklärt Orlando, »ist einer seiner Söhne.«
Als Fußnote zu diesem Lehrstück über die Tauschmoral der Indianer merkt Orlando noch die Erfahrung eines US-Anthropologen an. Der hatte Plastikkügelchen angeboten statt der erwarteten Keramikperlen. Die Indianer waren empört und schossen ihm einen Pfeil in den Hintern.
Wir schweigen betroffen.
Orlando wuchtet, sichtlich befriedigt über die Wirkung seiner Lektion, seinen massigen Leib in die quer zwischen die Hüttenpfosten gespannte Hängematte und senkt schläfrig die Lider hinter den starken Brillengläsern: Der Indianerpapst betrachtet die Audienz als beendet.
Michael und ich stehen auf dem Platz inmitten der Station in der kühl hereingebrochenen Nacht: Zwei *caraíba,* die ausgezogen sind, das Fürchten zu lernen, mit einem Rucksack voller Angelhaken, Keramikperlen, Seife und anderem Kram, der eher zu der Indianerromantik konventioneller Jugendlektüre paßt als in den Alltag von Völkern, die heute vom Aussterben bedroht sind.
Aussterben?
Ich betrachte die Menschen, die da an den Feuern hocken und leise miteinander reden. Sie haben Schalen mit Reis aus der Stationsküche zwischen sich und eine schon zur Hälfte gerupfte Bananenstaude. Jeder hat irgendein Stück aus der Garderobe des weißen Mannes am Leib: Turnhose, T-Shirt, Fußballstut-

zen. Einer trägt sogar eine Pyjamajacke, die so aussieht, als könnte sie einmal Orlando gepaßt haben. Die Männer scheinen mit ihrem Zustand zufrieden zu sein.
Aber die Frauen! Aus ihren schmutzstarrenden Kleidern sehen welke Arme und Beine hervor, und ihre Gesichter mit den zahnlosen Mündern wirken so alt, als wären sie nicht die Mütter, sondern die Großmütter der Säuglinge, die einige von ihnen im Arm halten. Sie altern schnell unter der Last der Geburten und der ihrem Geschlecht zugewiesenen körperlichen Arbeit. Zudem wird ihre Ernährung während Schwangerschaft und Stillzeit mit verschiedenen Tabus belegt und dabei um wesentliche Aufbaustoffe beschnitten.
Die Stations-Indianer auf dem Posto Leonardo sind, in ihrer physischen Existenz, nicht vom Aussterben bedroht. Aber in ihrer natürlichen Identität sind sie bereits gestorben. Alles, was ihre Seele in Einklang mit der Naturhaftigkeit ihres Kosmos gehalten hat, ist zerstört: Naivität, Sinnenfreude, Stammesbewußtsein, Stolz. Allein ihre Würde haben sie behalten. Würde wohnt, jedem Zugriff entzogen, noch unter dem zerlumptesten Fetzen, zeigt sich sogar noch in der Gebärde des Bettelns.
»Wie kein anderes Naturvolk der Erde«, so glaubt Orlando Villas Bôas, »sind die Waldindianer in Südamerika durch die fortschreitende Zivilisation zum Untergang verdammt. Schon die Entdeckung eines Stammes durch den weißen Mann ist in der Regel der Anfang vom Ende.«
Man muß sich das vorstellen: Da ist der Wald, *a selva virgen*, eine unberührte grüne Wildnis. Sie bedeckt wie ein gigantischer Moosteppich das Tiefland Zentralsüdamerikas. Leben ist hier nur nach den Regeln möglich, die der Stärkere diktiert. Der Wald erscheint den Weißen unbarmherzig, aber die Indianer haben ihn sich zum Freund gemacht.
Das konnte nur gelingen, weil sie sich bedingungslos unter das Gesetz des Waldes stellten, sich aber zugleich an die Spitze seiner Hierarchie emporarbeiteten. Als Überlebenshilfe boten sich ihnen die weitverzweigten und zugleich engverflochtenen Flußsysteme des Waldes – Lebensadern im wahrsten Sinne. Bei ihrem geringen Gefälle kurven die Wasserläufe gemessen durch die grüne Hölle und schwemmen an ihren Innenbögen Sandbänke auf.
Auf solchen waldfreien Landzungen haben sich die Menschen ihr amphibisches Leben eingerichtet. Zwar stehen die Wohnhütten, vor der Sicht vom Wasser aus geschützt, ein paar hundert Meter waldeinwärts auf einer kreisrunden Rodung – aber hier, im Schnittpunkt der Elemente Wald und Wasser, verläuft die Nahtstelle ihrer Existenz.
Ihr Tag, begonnen weit vor Sonnenaufgang, reicht gerade aus, das Überleben des nächsten zu sichern. Die Beschaffung der Nahrung nimmt darin das größte Pensum ein. Dem Wald jagen sie das Fleisch ab, entreißen sie die Früchte, brennen sie Rodungen ins grüne Gewand: für den sporadischen Anbau von Maniok, ihrer einzigen Kulturpflanze. Dem Fluß entlisten sie den Fisch ab, entlokken ihm Schildkröten, Krebse, Muscheln. Sie fahren mit mühselig ausgehöhlten Einbäumen ins Jagdgebiet, wenn die Regenzeit den Wald überschwemmt und unbegehbar gemacht hat. Die Natur gibt ihnen freiwillig nichts. Selbst das im Überfluß vorhandene Wasser müssen sie täglich ins Dorf schleppen.
Die schöne Vorstellung vom Naturmenschen ist falsch. Der Wald ist alles andere als der Garten Eden, und doch ist er der einzig mögliche Lebensraum der Indianer vom Amazonas bis zum Xingu.
Daß sie die Kinder der ganz und gar nicht barmherzigen Mutter Natur geblieben sind, daß sie – anders als der weiße Mann – keinen Krieg führen gegen die Wildnis, daß sie in Übereinstimmung mit sich selbst und dem sie umgebenden grünen Kosmos leben, ist nichts als das Ergebnis einer uralten Erfahrung: Wenn du dem Wald mehr nimmst, als du zum Leben brauchst, wird er dich töten – langsam, aber sicher.
Die Philosophie kommt aus der Einsicht. Jede Anstrengung, die

über das Notwendige hinausgeht, schwächt nicht nur den Menschen, sondern auch seine Ressourcen. Der Fisch, den du heute zuviel fängst, fehlt dir morgen. Die Arbeit, die du in der Ruhezeit tust, zehrt an deiner Kraft. Das Fleisch, das du zuviel ißt, macht dich krank.

Der weiße Mensch mag sich für das Maß aller Dinge halten: Der Indianer ist das Urmaß, die unveränderliche Einheit.

Das sichere Gefühl für ihren Anteil am Universum, ein gleichsam archaisches Verantwortungsbewußtsein, besitzen auch andere Naturvölker: von den Eskimos Grönlands bis zu den Ureinwohnern Australiens. Von ihnen unterscheidet sich der Waldindianer aber in einem tragischen Punkt: Er ist nicht anpassungsfähig. Sein Adaptionsvermögen erschöpft sich mit seiner vollendet auf den Wald abgestimmten Kultur. Sie, ebenso wie das geschlossene Ökosystem des Waldes, duldet nicht den geringsten fremden Eingriff. Ihre Ganzheit macht diese Menschen so verwundbar.

»In dem Augenblick, da sich das Boot eines Missionars auf die Sandbank einer Siedlung schiebt«, sagt Orlando, »beginnt schon der Niedergang für das Waldvolk.«

Hat denn ein ganzer Stamm nicht genügend Kraft, einem einzigen *caraíba*, der zudem noch in guter Absicht kommt, etwas entgegenzusetzen?

»Ein Stamm«, sagt Orlando, »ist in der Regel ein kleines Völkchen. Eine Gruppe von nicht weniger als 30, aber auch nicht mehr als 100 Menschen.«

Das ist die der Sandbank und ihrer Umgebung angepaßte Population. Ein weißer Mann, der sich unter das Häufchen Leute mischt, bringt deren Welt sofort aus dem Gleichgewicht. Das beginnt mit seiner technischen Überlegenheit – schon ein Taschenmesser zählt dazu. Das setzt sich fort mit seinem gutgemeinten Eifer, den »armen Wilden« die Anlage größerer Pflanzungen beizubringen, damit sie Vorratswirtschaft betreiben können. Und das kann enden durch die Politik der offenen Hand, die den Indianern schenkt, was ihr Tagewerk erleichtern soll: Äxte, Pfeilspitzen, Angelhaken.

»Gib einem Indianer eine Stahlaxt«, sagt Orlando, »und er wird nie wieder ein Steinbeil in die Hand nehmen. Gib ihm ein Motorboot, und er wird verlernen, ein Paddel zu schnitzen. Gib ihm eine Dose gebackener Bohnen, und er wird sein Maniokfeld nicht mehr bestellen.«

Im Stadium der Entdeckung der Konservendose befinden sich die Stationsindianer vom Posto Leonardo. Aber warum eigentlich nicht? Warum sollten sie weiterhin die alten Bräuche und Instrumente pflegen, an deren Stelle der weiße Mann etwas so unvergleichlich viel Besseres gesetzt hat? Jedoch: Was ist mit den Indianern draußen im Wald, den Yawalapiti, denen auch wir morgen »Besseres« bringen werden – Angelhaken, Zündhölzer, Zigaretten?

Ich verbringe eine schlaflose Nacht in der Schulbaracke. Sie wird schon lange nicht mehr zum Unterricht benutzt, sondern den seltenen Stationsbesuchern als Unterkunft zugewiesen. Im Dunkel unter und über meiner Hängematte schießen die Fledermäuse, die tagsüber im Dachgebälk schlafen, so hautnah an mir vorbei, daß ich den Luftzug im Gesicht spüre. Von nebenan, aus dem ehemaligen Lehrerzimmer, dringt unablässig das leise Gewimmer eines Kindes herüber. Dort wohnt ein Stationsindianer mit seiner Familie.

Ich muß morgen nach ihnen sehen, vielleicht kann ich helfen. Doch dann wird mir klar, daß ich schon in Missions-Kategorien denke. Wenn es nebenan etwas zu helfen gäbe, würde Chico es bereits getan haben. Oder Joaton. Und Orlando ist schließlich auch noch da.

Um fünf, es ist noch dunkel, weckt uns Chico. Nicht Orlando, sondern der Xingu-Chef wird uns zu den Yawalapiti bringen. Der Indianervater ist mit einem befreundeten Portugiesen, Antonio Carrelhas, den er aus seiner Heimatstadt São Paulo mit ins Reservat gebracht hat, zum Fischen auf den Fluß hinausgefahren. Die Stationsküche ist mit der Verpflegung zusätzlicher Gäste in Verlegenheit geraten.

Über dem Rio Xingu, der hier an seinem Oberlauf Rio Kuluene heißt, wabern weiße Nebelschwaden: Das Wasser hat 25 Grad und und ist jetzt wärmer als die Luft, die sich in der Nacht empfindlich abgekühlt hat. Im tropischen Wald – obwohl nur zwölf Breitengrade südlich vom Äquator – sinkt die Temperatur im Juli, der Mitte der sechsmonatigen Trokkenzeit, nachts auf etwa 15 Grad. Schon bald nach der Morgendämmerung freilich heizt die Sonne, die vom ausdauernd blauen Himmel des südlichen Winters hart herabstrahlt, die Luft wieder rasch auf 30 Grad und mehr an.
Es ist die Stunde vor Sonnenaufgang. Unter einer mächtigen Brasilkiefer inmitten der Station steigt dünner Rauch auf. Um ein verglimmendes Feuer hocken drei Männer. Sie haben sich Wolldekken um die Schultern gehängt und halten etwas an trockenen Zweigen in die Glut. Es riecht nach gerösteten Bananen.
Ihre Stammeszugehörigkeit ist nicht festzustellen, denn sie sind unbemalt und tragen Hemd und Hose. Sie hoffen auf einen kostenlosen Flug in einer Maschine des Funai nach Brasilia oder São Paulo. Dafür haben sie sich, mit der unvollständigen Garderobe des weißen Mannes, »inkognito« gemacht – Durchreisende auf dem Weg in die Anonymität der Zivilisation.
»Es sind Waurá«, sagt Chico, »sie wollen nach São Paulo, um einen Verwandten im Krankenhaus zu besuchen.«
»Ihr laßt sie einfach gehen?« frage ich und sehe auf die nackten Füße der Indianer und ihre armseligen Bündel, in denen nur ein paar Bananen und ein Maniokfladen stekken können.
»Sie würden gehen, auch wenn wir sie zu hindern versuchten«, sagt Chico. »Aber sie werden zurückkommen. Sie kommen fast alle wieder, wenn sie das Leben in der Stadt durchschaut haben. Dann bleiben sie für immer, und mit ihnen alle die, denen sie von ihrem Abenteuer erzählen werden.«
Von der Station führt ein Trampelpfad in den Wald. Schon nach hundert Schritten hüllt uns grüne Dämmerung ein. Wir marschieren hintereinander: voraus Jonaki, ein zwölfjähriger Junge, den uns die Yawalapiti als Begleiter geschickt haben, dann Michael, schließlich ich und am Schluß Chico. Mein Blick wechselt, so wie ich es von der *sertanista,* den Waldläufern, gelernt habe, unablässig von den Fersen meines Vordermanns hinauf zu den herunterragenden Ästen und herabbaumelnden Lianen. Denn im Wald droht Gefahr in der Regel von oben.
»Wenn du eine Boa entdeckst«, sagt Chico belustigt, »werden dich die Yawalapiti zum Ehrenhäuptling ernennen. Riesenschlangen haben sie nämlich schon lange nicht mehr gegessen.«
Verglichen mit dem arm gewordenen deutschen Wald, der längst nicht mehr seine 6000 ursprünglichen Pflanzenarten beherbergt, ist der brasilianische Urwald, der immer noch die Hälfte des viertgrößten Staates der Erde bedeckt, ein botanischer Kosmos von mehr als 400000 grünen Spezies. Andererseits findet sich auf einem Quadratkilometer bayrischen Forstes mehr jagbares Wild als auf dem hundertmal größeren Waldterritorium zwischen dem Posto Leonardo und den Dörfern der Yawalapiti, Mehinaku, Waurá, Kamaiurá, Kalapalo und Matipú.
Nicht nur der Boa constrictor, das große Würgereptil, das sich auf sein Opfer herabfallen läßt, auch ihre klassischen Beutetiere wie Wildschwein, Ameisenbär, Ozelot, Wollaffe sind im südlichen Teil des Reservats selten geworden. In der von Natur aus ohnehin spärlichen Tierwelt, die Insekten ausgenommen, haben die Waldmenschen der sechs um die Station gelegenen Siedlungen gründlich aufgeräumt, weil sie – unter den obwaltenden Reservatsbedingungen – unnatürlich eng beieinander wohnen.
»Der Wald am Oberen Xingu ist leergeschossen«, sagt Chico, »aber zum Umsiedeln der Stämme ist es zu spät. Sie haben Wurzeln geschlagen. Das ist wichtiger«.
Bereits nach drei Kilometern Marsch durch den um diese Morgenstunde stummen Wald stoßen wir auf die Vorboten einer Siedlung.

Es sind Maniokfelder, mit Feuer und Axt aus dem Unterbau des mehrgeschossigen Waldes gerodete Kulturflächen, jeweils nicht größer als ein Tennisplatz. Zwischen den mannshohen, blattreichen Maniokbüschen lodern hier und da Flammen. In ihrem Schein können wir schließlich Menschen erkennen.
Es sind Frauen der Yawalapiti. Sie sind bis auf das *uluri*, die Hüftschnur aus Rindenbast, unbekleidet. Jonaki, der Knabe, ruft sie an. Drei Frauen huschen lautlos aus dem Schein des Feuers, tauchen für einen Augenblick im Waldesdunkel unter und stehen plötzlich vor uns.
Verwundert bemerkte ich, wie meine Blicke die verstohlene Wanderung über den nackten Leib mit dem rasierten Schoß verschämt aufgeben und sich auf die darbietenden Hände konzentrieren. Ich nehme das Stück Maniokfladen und schiebe es mir in den Mund.
Automatisch habe ich begriffen. Eine Begrüßung im Wald hat eine Funktion: Du mußt hungrig sein, ich gebe dir zu essen, du bist willkommen. Kauend steht mir die schöne Indianerin, deren Nacktheit vom strammen Busen bis zur wohlgerundeten Hüfte auf einmal angezogener wirkt als ein körperbetonendes Kleid, gegenüber, und wir tauschen ein Lächeln. Nicht länger als ein Wimpernschlag.
»Sie heißt Sakasidio«, sagt Chico, und ist die zweite Frau des Häuptlings.«
»Was bedeutet Sakasidio?« frage ich.
»Die am besten kocht«, sagt Chico. Die anderen Feldarbeiterinnen – es sind fünf – sehen den welken, zahnlosen Frauen vom Posto Leonardo zum Verwechseln ähnlich. Doch sie strecken uns nicht, wie jene, bettelnd die Hände entgegen. Sie nehmen nach einem kurzen, verwunderten Kichern die zugespitzten Holzpflöcke wieder auf und graben damit nach den länglichen erdbraunen Knollen der Maniokpflanzen.
Es sind immer die älteren Frauen des Stammes, die Feldarbeit machen müssen. Sie sind wegen der späteren Tageshitze schon seit zwei Stunden, seit vier Uhr, in der Pflanzung, um das Tagespensum an Knollen aus dem Sand zu buddeln. Die Binsenkörbe neben den Feuern, den natürlichen Arbeitsleuchten im Wald, sind fast gefüllt. Sakasidio ist eine noch junge Frau von höchstens zwanzig Jahren. Wenn sie die zweite des Häuptlings ist, dann hat er wohl nur junge Frauen?
»Die für die Liebe ist noch jünger«, lacht Chico.
Wir marschieren weiter, Inzwischen ist die Sonne aufgegangen und verzaubert den Wald in eine grün fluoreszierende Tropfsteinhöhle aus Myriaden funkelnder Tauperlen. Noch eine Viertelstunde, dann sind wir im Dorf der Yawalapitit. Die runde Lichtung von Sportplatzgröße öffnet sich so unvermittelt vor uns, daß ich verwundert innehalte. Kann man, einfach so, in eine fremde Siedlung hineingehen?
Jonaki faßt meine Hand und zieht mich sanft vorwärts. Ich spüre seine kleine Faust in der meinen und fühle mich wieder sicher.
Man erwartet uns bereits. In der Dorfmitte, unter einem Schilfdach auf vier Pfählen, steht eine Gruppe von Männern. Ich zähle acht. Wenn sie unser Empfangskomitee sind, dann ist es das beiläufigste, das ich je erlebt habe. Aber auch das schönste an körperlicher Vollkommenheit.
Die Herren sind bei der Morgentoilette. Sie bemalen sich gegenseitig mit dem roten Urucusaft und bringen das Kunststück fertig, uns herzlich zu begrüßen, dabei eine würdevolle Anmut zu wahren und gleichzeitig in ihrer Kosmetik fortzufahren.
Die Männer der Yawalapiti sind durchweg groß und haben die Statur gestählter Athleten, die ihr tägliches Pensum an Bodybuilding treiben, ohne sich dabei in die knotigen Muskelprotze der Mister-Universum-Bewerber zu verwandeln. In diesen Körpern sitzt Kraft, gepaart mit geschmeidiger Eleganz. Ich mustere unauffällig einen nach dem anderen. Wer mag der Häuptling sein?
Ein Häuptling steht nicht auf dem Dorfplatz, um Fremde zu empfangen. Man muß jemanden in sein Haus schicken und ihn bitten lassen. Jonaki geht. Und dann schlendert Aritana, der Chef der

Yawalapiti, angelegentlich herbei, drückt Chico die Hand und sieht Michael und mich an.
Der Direktor stellt uns vor: zwei Journalisten aus Deutschland. Sie möchten eine Weile bei den Yawalapiti wohnen und sehen, wie sie leben.
Ich stehe Aritana auf zwei Meter Distanz gegenüber. Er überragt seine Krieger um einen halben Kopf. Seine muskulöse Gestalt läßt keinen Zweifel daran, daß es im Ringkampf keiner seiner Männer mit ihm aufnehmen kann. Seine Augenhöhlen sind schwarzblau bemalt. Ich habe das Gefühl, als blicke ich in eine dunkle Sonnenbrille, und suche irritiert das Weiße im Augapfel.
»Alemão?« fragt er sinnend. Dann geht ein leichtes Lächeln über sein Gesicht. Es ist ein kluges, ein offenes Gesicht, trotz der angemalten Augenlarve: »Also seid ihr vom Stamm Rummenigges.«
»Wie viele Häuser hat euer Dorf?« fragt er dann.
Es ist gleichzeitig die Frage nach der Kopfzahl unseres »Stammes«. In einem Indianerhaus wohnen in der Regel ein Dutzend Menschen. Das Yawalapitidorf hat acht Häuser, der Stamm zählt also knapp hundert Menschen. Es gibt 60 Millionen Bundesbürger.
»Tausend«, sage ich aufs geradewohl.
»So seid ihr ein großer Stamm«, sagt Aritana in makellosem Portugiesisch. Dann reicht er Michael und mir die Hand und drückt uns nacheinander zeremoniell ans Herz. Wir sind akzeptiert. Und nun fallen, wie auf ein Signal, auch die anderen Krieger über uns her und umarmen uns.
Wir lassen uns auf dem umgedrehten, kaputten Kanu nieder, das in der offenen Versammlungshütte der Männer zum Sitzen dient. Schweigen entsteht. Die Krieger blicken auf unsere Rucksäcke: die Geschenke. Jonaki bringt eine Bastmatte. Wir legen Stück für Stück unsere Gaben darauf.
Als die Angelhaken und die Fischleine erscheinen, geht ein anerkennendes Raunen durch die Reihen der Krieger. Es sind inzwischen mehr geworden.
Die Fischerei-Ausrüstung können die Yawalapiti offenkundig gut gebrauchen. Weil sie sich über nützliche Dinge freuen, freuen wir uns mit. Aritana verteilt alle Sachen – Seife, Zigaretten, Zündhölzer, Wäschefarbe, Keramikperlen – nach seinem eigenen, aber augenscheinlich gerechten System an die Männer. Für sich behält er nichts. Er nimmt nur die großen Angelhaken an sich: Sie werden beim Kollektivfischen eingesetzt und gehören der Gemeinde.
»Es ist nicht genug«, sagt er dann und schaut scheinbar desinteressiert auf unsere platt am Boden liegenden Rucksäcke.
Ich hole das Überraschungsgeschenk für den Häuptling aus Michaels Kameratasche hervor: einen Fußball und – viel wichtiger – die dazugehörende Luftpumpe.
Aritanas gemessener Ausruf der Freude geht im Begeisterungsgeheul der Krieger und Kinder unter. Ein neuer, ein richtiger schwarz-weiß gewürfelter Lederfußball ist im ganzen Reservat das Größte!
Das moderne Fußballspiel ist seit einigen Jahren bei fast allen 16 Stämmen des Xingu-Reservats zu Hause. Einen runden Gegenstand spielerisch mit dem Fuß zu bewegen war ohnehin ein uralter Mannschaftssport der Ureinwohner Amerikas. Die roten Männer nehmen es mit Regeln, etwa mit dem Abseits, zwar nicht so genau, dafür sind sie umso mehr auf die Requisiten von König Fußball erpicht: Sportschuhe, Kickerstutzen, Turnhosen, Trikots. Das geht so weit, daß sie sich mitunter Stutzen in den Farben rot und schwarz, ihren traditionellen Körperbemalungen, an die Waden pinseln.
»Ohne das Fußballspiel«, sagt Aritana, »wüßte ich bis heute nichts über die Txucarramãe oder die Mehinaku.« Und Rummenigge, denke ich.
Die Mannschaften der verschiedenen Stämme haben eine Art Xingu-Liga organisiert. Sie treffen in der trockenen Jahreszeit gelegentlich aufeinander und tauschen dabei auch Waren aus, Informationen – und Frauen.
Das rote Ara-Pärchen zum Bei-

spiel, das im Haus des Häuptlings nicht nur Wohn-, sondern jedes Vorrecht genießt, war die Draufgabe bei einem Frauentausch zwischen den Yawalapiti und den Txucarramãe. Dies verwundert, weil der am Unteren Xingu lebende und einer sehr andersartigen Kultur angehörende Stamm wegen seiner kriegerischen Tradition nicht nur von den Weißen, sondern auch von den seßhaften Indianervölkern des Reservats gefürchtet wird. Wie also kann man – auch wenn es ein paar Papageien extra gibt – den Txucarramãe eine Frau überlassen?

»Sie sind zwar wilde Krieger, und an ihren Keulen klebt Blut«, gibt Aritana zu, aber: »Sie behandeln ihre Frauen deswegen nicht schlechter als wir unsere.«

Michael und ich haben die Txucarramãe in ihrem Dorf Kretire zuvor aufgesucht. Ich habe das Gellen ihrer markerschütternden Kriegsgesänge noch in den Ohren. Die Txucarramãe gehören zur Sprachgruppe der Jê und sind – nach einer noch nicht schlüssig bewiesenen Theorie – die ältesten Einwohner beider Amerika. Sie stammen ursprünglich aus dem ostbrasilianischen Hochland und wurden aus ihrer baumlosen Savanne, wo sie als nomadisierende Jäger lebten, in den Regenwald des Mato Grosso vertrieben und schließlich am Unteren Xingu angesiedelt.

Die Txucarramãe tun sich mit ihrer an der Steppenjagd orientierten Kultur schwer in ihrem neuen Quartier an einem Urwaldfluß. Noch schwerer aber empfinden sie das Schicksal, das sie zwingt, sich unausgesetzt mit weißen Siedlern, Nußsammlern und Straßenbauern herumzuschlagen, die widerrechtlich in das dem Stamm zugeteilte Reservatsgebiet eindringen und den Wald abholzen.

Im August 1980 war es dem Txucarramãe-Häuptling Raoni und den Seinen zuviel geworden. Die Indianer überfielen einen Trupp brasilianischer Waldarbeiter und schlugen elf von ihnen mit ihren Keulen tot. Die Regierung hatte darauf eilends zugesagt, die von den weißen Siedlern besetzten Gebiete zurückzugeben, doch darauf warten die Indianer immer noch.

»Wenn uns der weiße Mann noch einmal betrügt«, hatte uns Raoni versichert, »dann machen wir Krieg. Das ist die einzige Sprache, die der *caraíba* versteht.«

Als *caraíba,* als weiße Eindringlinge, haben auch wir uns bei den Txucarramãe gefühlt. Diese Menschen leiden, nach den unendlichen Enttäuschungen bei ihren Begegnungen mit der Zivilisation, an einer tiefen Verzweiflung, die nichts gemein hat mit der heiteren Gelassenheit der Yawalapiti, bei denen wir nun zu Besuch sind.

Aritanas Horizont reicht, was die Beschaffenheit, was gar den Zustand seiner Rasse angeht, weit über die Grenzen des Reservats hinaus. Der 31 Jahre alte Mann hat nicht nur Städte wie Rio, São Paulo und Manaus gesehen, er war auch 1978 Delegierter seines Volkes auf der all-amerikanischen Indianerkonferenz in Mexico City. Da ging es vor allem um die von Staat zu Staat unterschiedlich gehandhabten Landrechte und um die Organisationsformen von Reservaten. Wie schneidet, in seinen Augen, das Xingu-Reservat ab?

»Wir haben keine Rechte in diesem Staat«, sagt der Häuptling. »Wir sind nach brasilianischem Gesetz unmündige Kinder. Ich glaube nicht daran, daß der weiße Mann und sein Gesetz sich jemals ändern werden. Daher ist das, was Orlando für uns gemacht hat, das Beste, was wir in diesem Land erreichen können.«

Der Mann, der das so lapidar sagt, der in den Kleidern der Weißen Millionenstädte besucht hat, mit dem Flugzeug gereist ist, in Hotelbetten geschlafen hat, er weiß, wovon er redet. Er gehört offenkundig zu jenen Rückkehrern, auf die Chico seine Zukunftshoffnungen für das Leben im Reservat, für das Überleben der Restvölker setzt.

Restvölker – ein anthropologischer Begriff, der Schreckliches birgt. Wie kommt es zum »Rest« eines Volkes? Ich sehe sie durch dieses Land ziehen, die vier apokalyptischen Reiter: Pest, Krieg, Hunger, Tod. Akkurat diese biblische Schreckensvision vom Untergang der Menschheit – für die

Indianer Brasiliens ist sie schon lange Wirklichkeit geworden.
Sie begann, als Menschen mit eben dieser Bibel unter dem Arm ins Land kamen. Der Abgesandte Seiner Allerkatholischsten Majestät von Portugal, der Seefahrer Pedro Alvares Cabral, betrat am 22. April 1500 brasilianischen Boden. Das Land verdankt seine Entdeckung dem gleichen verhängnisvollen Irrtum, dem acht Jahre zuvor schon Columbus unterlag. Auch Cabral wollte nach Ostindien, auf derselben Route wie sein Vorbild Vasco da Gama: um die Südspitze Afrikas herum. Er kam weit vom Kurs ab und landete in Südamerika.
Zu dieser Zeit gab es in der Neuen Welt Portugals etwa vier Millionen Indianer, gegenüber einer Million Menschen im Mutterland der mit Spanien heftig konkurrierenden Kolonialmacht. Die Hälfte jener Indianer lebte an den Flüssen Amazoniens, zu denen auch der Rio Xingu gehört.
Die Indianer Brasiliens bilden vier große Sprachfamilien: Carib, Tupi, Aruak, Jê. Alle diese Gruppen sind als kleine Stammesgemeinschaften im Xingu-Reservat noch heute anzutreffen. Die Yawalapiti gehören wie die Mehinaku und Waurá zu den Aruak, der größten und am weitesten in Lateinamerika verbreiteten Indianerbevölkerung. Auf sie trafen die iberischen Entdecker an der Ostküste Floridas, auf den Antillen, in den Wäldern der mittelamerikanischen Landenge ebenso wie in Venezuela und Amazonien.
Diese weiträumige Verbreitung ist das Ergebnis unablässiger Völkerwanderungen. Sie hatten seit der Ankunft der ersten Menschen aus Asien über die durch Eiszeiten trockengefallene Beringstraße vor etwa 35 000 Jahren nie aufgehört. Die natürliche Fluktuation der Völker wurde mit dem Auftauchen der Europäer zu einer gewaltsamen Bewegung: Flucht, Vertreibung, Umsiedlung. Sie geriet fast zur Ausrottung.
Von den ursprünglich vier Millionen Indianern Brasiliens leben, nach optimistischen Schätzungen, heute noch 200 000. Orlando Villas Bôas dagegen ist sicher, daß es keine 100 000 mehr sind: »Allein in der ersten Hälfte des Jahrhunderts sind noch hundert Stämme ausgerottet worden. Sie verschwanden spurlos, und unbemerkt von der Weltöffentlichkeit, von der Palette der Völker.« Die Feststellung deckt sich mit der des Indianerforschers und früheren brasilianischen Kultusministers Darcy Ribeiro, den ich in Rio traf. »Begonnen hat es in diesem Land mit den *bandeirantes*«, hatte Orlando sarkastisch gesagt: »Ihren Namen trägt ausgerechnet jener in Brasilien entwickelte Flugzeugtyp, der nur kurze Rollbahnen braucht und deshalb am besten geeignet ist, die Indianer am Wald mit Hilfe zu versorgen.
Die *bandeirantes* waren jene Pioniere, die nach Gründung der vorerst nur an der Küste besiedelten Kolonie dem portugiesischen Vizekönig in Bahia halfen, das riesige Hinterland in Besitz zu nehmen. Sie waren keine Siedler oder Trapper, wie später die Pioniere Nordamerikas. Sie waren eine Mischung aus verwegenen Goldsuchern, Menschenjägern und Glücksrittern.
Angestachelt von den reichen Goldfunken der spanischen Konquistadoren bei den Inka, Mava und Chibcha, versuchten die portugiesischen Eroberer in dem ihnen von Papst Alexander VI. zugeteilten Territorium der Neuen Welt ebenfalls zu Edelmetall zu kommen. Die Hoffnung trog. Die Waldmenschen Brasiliens kannten kein Gold.
So wuschen sich die *bandeirantes* mit Pfanne und Sieb die Urwaldflüsse hinauf und hinunter, um wenigstens der Natur die vermuteten Schätze zu entreißen. Dabei erwiesen sich eben jene Sandbänke in den Flußbiegungen, welche die Lebensbasis der Indianer sind, als besonders tauglich. Die Katastrophe war programmiert.
Der Zusammenprall von hartgesottenen Abenteurern und arglosen Naturmenschen kostete schon im ersten Jahrhundert der Geschichte Brasiliens etwa die Hälfte der einheimischen Bevölkerung das Leben: zwei Millionen Menschen. Die *bandeirantes* stießen von São Paulo aus, unterstützt und ausgerüstet von der Kolonial-

verwaltung, weit ins Hinterland vor, bis an die östlichen Ausläufer der Anden.
Jesuitenpater, die auf den Spuren der Goldsucher als erste eine humanitäre Mission aufzubauen versuchten, wandten sich entsetzt an die Höfe in Bahia und Lissabon. Ihre Bitten, das ungezügelte Treiben der Glücksritter zu unterbinden oder doch wenigstens nicht mehr zu unterstützen, wurden abgewiesen. Am Schicksal der wahren Besitzer des Landes war dort niemand ernsthaft interessiert, nachdem sich die Eingeborenen als untauglich für die Sklavenarbeit erwiesen hatten und Zigtausende zur Fron in den Zuckerrohrplantagen gepreßte Waldbewohner elend gestorben waren oder reihenweise den Freitod vorgezogen hatten.
Den nächsten Stoß an den Rand des Untergangs versetzte den Indianern der Kautschukboom. Von der Mitte des 19. Jahrhunderts bis zum Ausbruch des Ersten Weltkriegs 1914 wurden allein in der Gegend von Manaus, der Gummimetropole, 30000 Menschen von den *seringueiros,* den Latexzapfern, aus dem Weg geräumt.
Die systematische Verfolgung hat bis heute nicht aufgehört, trotz einer schützenden Gesetzgebung, dem Estatuto do Indio von 1973, trotz einer für den Schutzvollzug organisierten Truppe, dem Fundação Nacional do Indio. Die Waldmenschen, die in kein Raster der Zivilisation passen und sich jeder Form von gesellschaftlicher Integration entziehen, sind dem Fortschrittsstreben Brasiliens überall und jederzeit im Wege. Das Staatsmotto »ordem e progresso« – Ordnung und Fortschritt – liegt dem nur mäßig katholische Christlichkeit praktizierenden 130-Millionen-Volk mehr am Herzen als die bescheidene Formel der Indianer: das »ora et labora«, das »bete und arbeite« der Jesuitenpater.
Doch auch die wohlmeinenden geistlichen Herren haben den Indianern kein Glück gebracht. Die Missionierung, die väterlich gemeinte Bevormundung, hat aus den »roten Kindern« Unmündige gemacht: von Almosen abhängige Bettler um ein bißchen tägliches Brot.
Gab es denn niemanden in diesem Riesenland, der den Indianern gerecht werden konnte? Doch. Einer war da, ausgerechnet ein Soldat der Grenztruppe, die die weißen Siedler vor Überfällen der Indianer schützen sollte. Einer war da, der sich angesichts des heillosen Vernichtungskrieges gegen die Ureinwohner vom Saulus zum Paulus wandelte. Marschall Rondon.
Der Kommandeur der traditionell indianerfeindlichen Grenzer formierte in den dreißiger Jahren dieses Jahrhunderts seine Troupiers zu einem »Serviço de Proteção aos Indios«, kurz SPI, um. Dieser »Indianerschutzdienst« wurde zum Vorkämpfer für die bis dahin undenkbare Idee, die Ureinwohner des Landes nicht in den Zivilisationsprozeß zu integrieren, sondern in ihrem ursprünglichen Zustand zu erhalten. Rondon erließ allmorgendlich an seine Truppe den Tagesbefehl Nummer eins: »Kein Indianer darf getötet werden. Wenn einer von ihnen seine Waffe auf uns richtet, lassen wir uns lieber erschießen, als daß wir ihn auch nur verwunden.
Der heroische Appell wurde indessen wohl kaum je befolgt. Die schlecht bezahlten Soldaten ließen sich von der Siedlerlobby bestechen und betrieben den Völkermord hinter dem Rücken ihres Kommandeurs. Sie beschenkten ganze Stämme mit pockeninfizierter Kleidung oder lieferten ihnen vergiftete Nahrung, alles bezahlt und organisiert von der Fortschrittsfront der Siedler und Straßenbauer, der Holzfäller und Diamantenschürfer, der Paranußsammler und Goldsucher.
Immerhin hatte Rondons Idee bei ein paar anderen einflußreichen Männern gezündet. Die drei aus einer begüterten Familie São Paulos stammenden Brüder Villas Bôas – Leonardo, Claudio und Orlando – machten sich als Privatgelehrte nach einer Expedition ins unzugängliche Xingu-Gebiet 1943 ans Werk, die Schutzidee des greisen Marschalls bei der Regierung durchzusetzen.
Es bedurfte fast zweier Jahrzehn-

te zäher Verhandlungen und viel diplomatischen Geschicks, bis die mittlerweile in den Ruf einer Räuberbande geratene SPI abgeschafft und statt ihrer 1967 der Funai ins Leben gerufen wurde. Die Gründung dieser staatlichen Indianerstiftung, von deren Initiatoren nur noch Orlando Villas Bôas lebt, fiel zusammen mit der Einrichtung des Xingu-Reservats als ein mit rigorosen Schutzbestimmungen ausgestatteter Nationalpark.

An Leonardo, den bereits gestorbenen Villas Bôas, erinnert der gleichnamige Posto. Der jüngere der Brüder, Claudio, hat sich in São Paulo auf die Dokumentation des Indianerlebens zurückgezogen. Allein der robuste Orlando setzt sich weiterhin unmittelbar tätig für Rondons Plan von der Abschirmung der überlebenden Indianer gegen den Fortschritt ein.

»Wir lassen niemanden mehr in das Reservat«, sagte Orlando, als wir uns bei ihm vorgestellt hatten: »Keine Missionare, keine Anthropologen, keine Journalisten. Der letzte Fremde war euer großer Landsmann Karl von den Steinen.«

Das war natürlich scherzhaft gemeint. Der deutsche Forscher, eine Art Humboldt des Xingu, nach dem einer der linken Zuflüsse dieses Stroms benannt ist, machte seine beiden unter Anthropologen berühmt gewordenen »Schingú-Expeditionen« vor hundert Jahren: 1844 und 1887/88.

Der auf deutschen Forschungsreisen in Polynesien und der Antarktis zum Expeditionsprofi gewordene von den Steinen hatte mit fünf weiteren deutschen Wissenschaftlern – im Auftrag und mit der Förderung der Gesellschaft für Erdkunde zu Berlin – das bis heute nur mit dem Flugzeug erreichbare Xingu-Gebiet zu Fuß und im Kanu sorgfältig inspiziert. Seine Dokumente in Text, Foto und Zeichnungen sind die einzigen brauchbaren historischen Unterlagen über das Territorium und seine Bewohner.

Und, seltsam genug: Sie könnten von heute sein. Die Yawalapiti wohnten bereits vor hundert Jahren 300 Meter vom Rio Tuatuari und etwa vier Kilometer vom heutigen Posto Leonardo entfernt. Sie waren schon damals nicht mehr als hundert Leute. Sie reklamierten, wie heute, Geschenke, wenn sie zu gering erschienen. Und sie strichen sich jeden Morgen mit dem öligen Urucusaft ein. Für diese Prozedur fand schon Karl von den Steinen eine Erklärung: »Mit Oelfarbe, je nachdem mit schwarzer oder roter, streicht sich der Eingeborene an, damit er die Haut in der Hitze angenehm geschmeidig erhält, und damit sich die Moskitos und Stechfliegen, die sich auf den Körper niederlassen, ankleben und zu Grunde gehen. Die Oelfarbe ist tatsächlich die Kleidung des Indianers, wie er sie bedarf.« Die Quintessenz seiner Observationen deckt sich mit der von Rondon und Villas Bôas: »Die Widerstandsfähigkeit der Indianer, sobald sie nicht auf ihre gewohnte Art leben, ist unglaublich gering.«

Ebenso gering ist auch die Vielfalt der Lebensgewohnheiten dieser Waldmenschen. Der Alltag der Yawalapiti wie der ihrer nächsten Verwandten, der nur fünf Kanustunden entfernten Mehinaku, wird von der maßvollen Befriedigung bestimmt.

Sie essen, erstaunlich bei ihrer phantastischen körperlichen Konstitution, nur einmal am Tag: einen Fetzen Maniokfladen und ein kleines Stück gedünsteten oder gerösteten Flußfisch. Doch beides sind, in ihrem Gehalt an Kohlehydraten und Protein, hochwertige Grundnahrungsmittel. Die lebensnotwendigen Vitamine liefern sparsam genossene Früchte wie Bananen, Melonen, Limonen, Nüsse. Die Indianer leben, sozusagen, eine natürliche Reformhausdiät. Ich habe in den zwei Wochen als Küchengast bei den Yawalapiti und Mehinaku jedes überflüssige Gramm Fett verloren und mich selten besser gefühlt.

Die Zubereitung des Maniok und das Fischen im Fluß frißt freilich den Tag der Indianer auf. Die im rohen Zustand giftige Knolle muß in einem komplizierten Vorgang genießbar gemacht werden. Die Frauen sind von früh bis spät da-

mit beschäftigt, die Wurzel zu schaben, zu raspeln, zu kochen, zu trocknen. Der Vorgang muß mehrmals wiederholt werden, ehe aus dem in der Sonne gebleichten Mehl die *beijus*, die Fladen, gebacken werden können. Eine Indianerfrau verbringt dreiviertel ihres Lebens mit der Zubereitung des Maniok, die nur unterbrochen wird durch das Wasserholen vom Fluß, das Heranschleppen von Feuerholz und durch die Niederkunft.
Seit es stählerne Angelhaken gibt und haltbare Angelschnur aus Kunstfaser, haben es die Männer leichter. Zwar fischen sie Einzelgänger wie den begehrten Zitterrochen, der selten an den Haken geht, hin und wieder noch mit der Lanze, mit Pfeil und Bogen oder mit dem Betäubungsgift der Timbo-Liane. Doch durch die modernen Angel-Utensilien haben sie jetzt mehr Zeit für ihr Tagesritual. Es beginnt allmorgendlich mit der gemeinsamen Körperkosmetik des Bemalens. Sie dauert bis Mittag. Nachdem ihnen die Frauen das frugale Mahl bereitet haben, halten die Männer Mittagsschlaf in der Hängematte im luftig-kühlen Haus. Dann geht's zum Schwimmen an den Fluß.
Etwa um vier Uhr nachmittags, wenn die Sonne hinter die Baumwipfel sinkt, beginnt der Ringkampf, das muskeltrainierende *huka-huka,* in der Dorfplatzmitte. Die Ringer stehen einander mit vorgebeugtem Rumpf gegenüber, fassen den Gegner an den Oberarmen und versuchen ihn unter kehligem *huka-huka*-Geschrei in den Staub zu zwingen. Doch zur Siegerpose kommt es nie. Sobald ein Kämpfer durch nachlassenden Widerstand seine Unterlegenheit signalisiert, wird der Kampf abgebrochen. Man demütigt seinen Gegner nicht.
Neuerdings tritt an die Stelle des Ringens an manchen Tagen der Fußball. Auf fast allen Dorfplätzen im Xingu stehen, freilich mit willkürlichen Abmessungen, die Tore aus zwei Pfählen mit einem darübergelegten Baumstamm als Querlatte.
Nach Sonnenuntergang versammeln sich die Männer im Dorfzentrum zum ritualisierten Rauchen. Sie bringen ihren niedrigen, geschnitzten Holzschemel mit und hocken sich in die Runde ums Feuer. Geraucht werden, in mitunter bis Mitternacht anhaltender Kette, etwa 30 Zentimeter lange, bleistiftdünne Zigarren aus grünen Tabakblättern. Nach einigen Stunden unausgesetzten Paffens stellt sich eine leicht berauschende Wirkung ein. Zu diesem Tabakskollegium sind nur die Häuptlinge, Medizinmänner und älteren Krieger zugelassen.
Es gibt zwei Medizinmänner: den *pajé,* der mit den guten Geistern im Bunde steht, und den *feiticeiro,* den Schamanen der Krankheiten und bösen Kräfte. Beide – und nur sie – haben Zugang zu Morená, dem allen Xingu-Indianern heiligen Land. Es liegt in der Mitte des Reservats, am Zusammenfluß von Rio Xingu und Rio Von den Steinen. Hier wohnt der Geist des Schöpfers Mavutsinim, der außer seinen roten Kindern auch die Mutter der Sonne und des Mondes erschaffen hat, die legendären Zwillinge der Mythologie. Mavutsinim kann in vielen Formen erscheinen, als Jaguar oder als Baum. Meistens jedoch taucht er urplötzlich als ein greiser Mann mit weißem Haar auf und ist für den, der ihn erblickt hat, blitzschnell wieder verschwunden. Jeder, der diese Begegnung gehabt hat, muß nach kurzer Zeit sterben. Ihm kann dann kein *pajé,* kein *feiticeiro* mehr helfen.
Was immer es sein mag – die Einförmigkeit des Lebens oder die natürliche Einfalt der menschlichen Seele: Die Indianer am Xingu haben auf mich, auf mein Städtergemüt, einen heilsamen Einfluß. Ihr soziales Bewußtsein ist, in seiner spielerischen Art, so hoch entwickelt, wie ihre Ansprüche an das, was wir Lebensstandard nennen, bis zur Nichtigkeit gering sind. Nie habe ich einen Indianer ein hartes Wort zu seiner Frau oder zu einem Kind sagen hören. Aritana behandelt seine beiden Frauen Sakasidio und Tsimajo mit mustergültiger Aufmerksamkeit und Sanftmut – und seine kleine Schwester Ajussi mit einer unaufdringlichen Zärtlichkeit, wie sie anderswo wohl nur noch in Kinderträumen vorkommt.

Die Indianer Brasiliens, die Ureinwohner dieses reichen und riesigen Landes, machen weniger als einen von tausend der Gesamtbevölkerung aus. Was passiert, wenn es nach Orlando Villas Bôas keine Männer mehr gibt, die ihre Hand über diese Menschen halten?
Sinaá hat die Antwort gegeben. Er hat, so erzählt die Legende der Xinguanos, einen gegabelten Stab gegen das Himmelszelt gestützt. Wenn der letzte Indianer stirbt, wird Sinaá, der legendäre Ur-Häuptling der Juruna, den Stab wegstoßen: Der »Himmel wird einstürzen und die Erde unter sich begraben.«

Rolf Bökemeier

Aus dem Buch »Verlorene Menschen – Begegnungen mit Völkern, die es morgen nicht mehr gibt.«
Von Rolf Bökemeier und Michael Friedel.
GEO Bibliothek im Verlag Gruner+Jahr, Hamburg.

Die Heimat der Indianerstämme

1 Kaiangang
2 Karajá
3 Juruna
4 Kamaiurá
5 Mandurucu
6 Maués
7 Tupi
8 Txukaramãe

Erklärungen

Die Stämme der Indianer:
Kaiangang
Karajá
Juruna
Kamaiurá
Mandurucu
Maués
Tupi
Txukaramãe

M'Boy	=	Schlange, Gott des Bösen
Tupã	=	Blitz und Donner, Gott
Óca	=	Haus
Kuarup	=	Totenpfähle
Thaína Khan	=	Morgenstern
Pagé	=	Medizinmann, Weiser, Mystiker
Tatu	=	Gürteltier
Opoku	=	Hirsch
Guaraná	=	Frucht
Jacú	=	Großer Vogel
Irapurú	=	Vogel
Potyra	=	Blume
Igaranhã	=	Boot mit Zähnen
Kuat	=	Sonne
Iae	=	Mond
Mururu	=	(Vitoria Regis) Königin der Nacht
Iguaçu	=	Großes Wasser
Catubore	=	Schöne Flöte
Coacyaba	=	Sonnenhaare (glänzend)
Guanamby	=	Sonnenstrahl
Nyobog-Ti	=	Das große Licht

Fazenda = Gut oder Großgrundbesitz mit Land- oder Viehwirtschaft

Sertão = Das spärlich besiedelte Innere des Landes, insbesondere das Hinterland des brasilianischen Nordostens. Auch Wald, Buschwald, von Wäldern durchzogenes Gebiet

Xingu = Vom Kontext abhängig ist entweder die Landschaft gemeint, die den Xingu-Fluß umschließt, oder aber der Fluß selbst

Xinguanos = Bewohner bzw. Indianer des Xingu-Gebietes

Karavelle = Mittelalterliches Segelschiff, mit dem die Portugiesen die Weltmeere umschifften

Piquí = Waldbeere

Tracajá, Craíba = Schildkröte, Blumenart

Tabatinga = Lehmiger, tonhaltiger, heller Boden

Urucum = Buschart, aus dessen (Beeren-)Früchten roter Farbstoff gewonnen wird

Jenipapo-Frucht = vom *Jenipapeiro,* einem niedrigen, dicken Baum mit aromatischer, zur Herstellung Likören geeigneter Beere

Faveira = Bohnenpflanze

Kapokbaum = Südamerikanische, hohe Baumart

Quellen-verzeichnis

Baldi, Mario: Uoni – Uoni – São Paulo – Ed. Melhoramentos – 1950

Baldus, Herbert: Lendas dos Indios do Brasil – São Paulo – Ed. Brasiliense – 1946

Espinheira, Ariosto: Viagem Atraves do Brasil – São Paulo – 1939

Funai – Brasilia D.F. Revista Atualidade Indigena nº 20 – 1981

Gregorio, Jose: Contribuição Indigena ao Brasil – Belo Horizonte – União Brasileira de Educação e Ensino – 1981

Lukesch, Anton: Mito e Vida dos Indios Caiapós São Paulo – Ed. da USP 1976

Magalhães, Couto de: O Selvagem – São Paulo – Ed. da USP – 1975

Metraux, Alfred: A Religião dos Tupinambás São Paulo – Comp. Ed. Nacional – Ed. USP 2a. 1979

Orico, Oswaldo: Contos e Lendas do Brasil – São Paulo – Comp. Melhoramentos – 1931

Villas, Bôas, Orlando e Claudio: Os Indios, Seus Mitos – Porto Alegre Ed. Kuarup – 1986

Die Märchen Coacyaba, Guarana und Irapuru wurden im Staate Para von Walde-Mar de Andrade e Silva aufgezeichnet.